世界は「中国に対峙できる日本」を望んでいる

「日本人への遺言」

ニューヨーク・タイムズ元東京支局長
ヘンリー・S・ストークス

WAC

はじめに——「一期一会」の真剣勝負

ここ数年、私は自宅での静養生活を送ってきた。難病とされるパーキンソン病を患ったために、自分で自由にワープロを打って原稿を書くことができなくなった。耳も遠くなり、記者会見に出席しても声が聞き取れない。そこで筆談によって質問をしてもらい、それに答える「口述筆記」によって一連の本を出版してきた。

何度か肺炎も患った。感染症で二カ月近く入院したこともある。それでも、私は命のある限り、自分の体験したことや、考えたことを伝えていきたいと思っている。

そんな折に、世の中でたいへんなことが起こった。世界的な感染病の蔓延だ。「新型コロナウイルス」によるこの病は、たちどころに世界に広まり、多くの死者や感染者を出した。我が祖国イギリスでは、首相までが感染した。アメリカでも大統領が感染し、死者の数が二十三万人を超えた。たいへんなパンデミックだ。

幸い、日本での感染は、欧米列強諸国に比べると穏やかな推移のようだ。

日本人は、欧米人のようにやたらとハグやキスをしないし、握手もさほどしない。毎日のように風呂に入るし、家に入る前には靴も脱ぐ。こうした極めて衛生観念の高い日本文化を考えてみると、日本の奇蹟的な状況も決して摩訶不思議なことではないように思う。

そうは言っても、感染症への警戒は厳しくなった。私が時々世話になっている老人介護施設では、一切、面会禁止となった。家族にすら容易に会うことができない。人々の生活の在りようも、社会の在りようも大きく変わりつつあるようだ。

この新型コロナウイルスは、武漢から世界に広まった。武漢にある化学兵器などの研究所から、漏れ出たものであるらしい。それは極めて恐ろしい未来のはじまりを告げる警鐘であろうか。

そんな中、私はいま、すべてのことに「一期一会」の気持ちで取り組んでいる。

人の命というものも、限りのあるもので、いつかは世を去らなくてはならない。ただ、それがいつかは、わからない。この新たなウイルスに突然襲われ、命を絶たれた方々もいる。まさか、そんなことは予期していなかったであろう。

「たとえ明日、世界が滅亡しようとも、今日私はリンゴの木を植える」と言ったのは、プロテスタント教会を創設したマルチン・ルターだった。

たとえどんなに困難な状況に置かれようとも、結局のところ、私たちにできることは、一歩一歩を着実に踏み出すことだけだ、といった意味であろう。

そういう意味では、いま、私にとって、この本を世に出すことが、「リンゴの木を植える」

ことなのである。

二〇二〇年十一月吉日

ヘンリー・ストークス

本書は二〇一八年九月に悟空出版より刊行された『日本だけが「悪の中華思想」を撥ね退けた ～世界はますます「中禍」に苦しむ～』からつながる一冊である。

悟空出版の本には帯がついていた。そこには、「ストークス史観の集大成」「アメリカと中共による覇権争いが始まる中、『道義国家・日本』が進むべき道とは――」と書かれていた。

それからおよそ二年、コロナ、中国による香港支配、米中激突……世界は激変した。新たに出版される本書は、これまでのストークス氏の思いと訴えを基にしつつ、翻訳・構成にあたった私が、ストークス氏了承のもと、二〇一九年から二〇二〇年にかけての直近の情勢を取り込んだものとなっている。ぜひ、悟空出版の本と併せてお読みいただきたい。

藤田裕行（翻訳・構成者）

世界は「中国に対峙できる日本」を望んでいる◎目次

第六章　アメリカ勃興の「負の歴史」――先住民虐殺と黒人奴隷　113

装幀／須川貴弘（ＷＡＣ装幀室）

第一章

習近平の「中禍帝国」を許さない

その時、私は産経新聞のファンになった

私は、リベラル派の新聞『ニューヨーク・タイムズ』の東京支局長だった。当時『ニューヨーク・タイムズ』の東京支局は、朝日新聞本社の中にあった。そうした私のバックグラウンドから、私が朝日新聞と同じような意見を持っていると、そう誤解する人たちがいた。

誤解があるといけないのでハッキリと述べておこう。私は、ある時から産経新聞のファンになった。また安倍晋三政権の支持者でもあった。このことは、十万部のベストセラーとなった『英国人記者が見た　連合国戦勝史観の虚妄』（祥伝社新書）でも、その後の一連の著書でも述べてきた。

私が産経新聞のファンになったのは、天安門事件がきっかけだった。

天安門事件は一九八九（平成元）年六月四日に発生した。民主化を求めて天安門広場に集まったデモ隊に対し、中国共産党政府は軍隊を派遣。武力行使により多数の民間人犠牲者が出た。集まった人数は学生を中心に約十万人。人民解放軍は戦車まで出動させ、そのデモ隊を鎮圧した。

この共産党軍による武力鎮圧には世界中から抗議の声があがった。犠牲者数に関しては、北京政府は、三百十九人と発表した。イギリス政府の公文書では一万人以上とされている。こんな暴挙は、世界に発信しなければならない。日本の報道各社の記者たちも中国から報道をしようとしたが、それに対して北京政府は「一切の批判を許さない。」と凄《すご》んだ。

朝日新聞はもとより日本の報道各社は、北京政府と「日中記者交替協定」を結んでいたため、北京政府の人道に反する暴挙をあからさまにはできなかった。唯一、それを突っぱねたのが産経新聞だった。その時、私は産経新聞のファンになったのである。

報道やジャーナリズムにおいて、最も重要で核心的な原則は「報道の自由」だ。

権力は時に、その横暴を隠すために、「報道の自由」に圧力をかけて規制する。

報道やジャーナリズムは、そのような時にこそ、権力に立ち向かってゆかなくてはならない。

そしてその権力の横暴を糺《ただ》すような言論もまた、規制されたり、取り締まりを受けたりする。これにも絶対に負けてはならない。

しかし権力は、そのパワーの魔力に取り憑《つ》かれ、報道や言論を封じたりする。そのわかり易い例が、まさに天安門事件だった。

「報道の自由」を認めない中国を、なぜ日本のメディアは徹底批判しないのか

なぜ中国には、「報道の自由」も「言論の自由」もないのか。その答えは簡単だ。共産党の一党独裁政権だからだ。共産党の「一党独裁」は、真実を人々に知らせない。真実が伝わることを極度に恐れるのである。

なぜ彼らは真実を恐れるのか。その理由も簡単だ。

共産党の意向に従わない者を、不当に摘発、逮捕、監禁し、処罰してきたからだ。その姿は独善的で醜い。自らの価値判断に反するものは存在を抹殺する。存在を許そうとしないのだ。それが共産党の掲げる教条主義だ。その教義、ドグマに反する者は逮捕され、監獄に入れられ、処刑される。

「奴隷の自由」という言葉もある。奴隷たちは、「主人に従う限りは自由であった」というのだ。

その典型が、「アンクル・トムの小屋（Uncle Tom's Cabin）」であろう。初老のトムは主人に従順な黒人奴隷であった。主人に従う限り、黒人奴隷は生き延びることができたし、

ホームレスになることもなかったが、それは「真の自由」との交換《バーター》によって与えられたものだった。

「共産党でなければ、人でなし」という現実が、いまも中国では続いている。それが共産党政府の支配するシナ（China）の現実だ。

庶民も共産党員になれば、ある程度の自由、否、ある種のエリート街道を歩むことができる。はなはだしいのは共産党員と非共産党員の「格差」である。まさに「雲泥の差」が、いまも現実に中国には実在している。

櫻井よしこ氏は「中国」を「異形《いぎょう》の国」と評した

シナには、確かに様々な国々、そして時々の王朝が歴史上存在したが、そうした国々や王朝は征服民族によって樹立され、異民族を支配するものだった。

現在、シナに存在する共産党政権もそうした「王朝」のひとつである。

「中国四千年の歴史」とか「五千年の歴史」などというが、それは、日本のように脈々と続いたひとつの国の歴史ではない。様々な異民族が広大な土地の奪い合いを演じてきた。それがシナの歴史である。

シナの大地には野望の幻影が渦巻いている。あたかも悪魔が、「中国」という幻影をもって、シナを支配しようとする権力者を魅惑し、憑依《ひょうい》するかのようである。

「中国」の「国」とは、古くは城塞都市を意味した。しかしいま、シナの大地の新たな支配者は、「世界の中心の国家」という意味で、シナではなく「中国」という表現を使っている。その支配者とは、いうまでもなく共産党だ。共産党の政権こそが「世界の中心となる国家である」ということを、世の人々の脳裏に焼き付けたいかのようだ。「中国」は、そのように、洗脳を意図して使われている表現なのだ。

この悪魔に魅入られたかのようなシナの大地に、第二次大戦が終わって四年後の一九四九（昭和二十四）年に樹立されたのが共産党政権の「中華人民共和国」(People's Republic of China）である。

日本語で、「中華人民共和国」と書かれるので、多くの日本人は「中国という国がある」と勘違いをしているが、前述したように、そもそも今日まで、歴史的に「中国」という名称の王朝が存在したことはない。それでも、中華人民共和国の略称として「中国」は成り立つのではないかという人々もいよう。

そこで問題なのは「国」という表現である。

率直に言えば、「中華人民共和国」は、そもそも「国」の体を成していない。例えば、独立主権国家には「国軍」が存在すべきなのだが、中華人民共和国には国軍が存在しない。中華人民共和国は、いまでは世界軍事力ランキングで、アメリカ、ロシアに次いで第三位（Global Firepower 2020）に浮上しているが、その軍隊は「人民解放軍」、つまり「共産党軍」なのだ。

日本に置き換えてみると、自民党が軍隊を持っているのと同様だ。しかも、共産党の一党独裁なのだ。そうした認識に立って、われわれはすべてのことを考えなくてはならない。ジャーナリストの櫻井よしこ氏は、「中国」を形容して「異形《いぎょう》の国」と呼んだ。確かに「異形」である。いまの時代に、「中華帝国」をこの地球上に実現しようという北京政府は異形そのものだ。共産党が支配する政権が、暴力によって周辺諸国を侵略し、巨大化しているのである。

五十六の異民族からなる国？

習近平は、「中華人民共和国には、五十六の異なった民族がいる」と、まるで「合衆国」でもあるかのようなことを言う。

だが前述したように、古代に「中原《ちゅうげん》」（文化の中心地）と呼ばれた大地があった時代から、様々な民族が様々な小国を建設し、周辺国を侵略し、大虐殺して、巨大な王朝をつくり、シナの大地を征するという歴史を繰り返してきた。そういう意味では、シナの歴史とは異民族による征服に次ぐ征服が織りなす歴史なのだ。

それを「中国四千年の歴史」だとか、「中国五千年の歴史」だと称するのは、まったく「詐称」と言うべきである。

繰り返すが、一九四九（昭和二十四）年に北京に樹立された共産党の「中華人民共和国」も歴史上の「征服王朝」のひとつに過ぎない。

匪賊《ひぞく》が暴力や虐殺でのし上がり、周辺諸国を侵略し版図を拡大していったのと同じである。そして大陸を食い尽くすと、今度は海に出ていき、周辺の島々を乗っ取り、海域を自分のものにしようとしている。

しかも一党独裁だ。人々は共産党に従えばある程度の自由はあったが、逆らえばたちまち逮捕、投獄、処刑された。そういう「共産王朝」の歴史をわれわれは目にしている。

中華人民共和国の五十六の民族の中には、モンゴル人やウイグル人、チベット人も含まれている。だが、モンゴル人のいる内モンゴル自治区も、チベット人のいるチベット自治区も、ウイグル人のいるかつての東トルキスタン（つまり今の「ウイグル人自治区」）も、すべて第二次世界大戦後に、共産党政権が、各国を侵略して奪い取った領土であり、そこに暮らしている民族である。

共産党のHPでは、日本は「日本人自治区」

「中華人民共和国」の共産党政府は、台湾も「自国領」であると主張しているし、日本固有の領土であることが明確な尖閣諸島や、沖縄すらも「自国」の一部だと主張している。

実際に、かつて中共のホームページには、日本列島の地図が中共の領土として掲載されていたこともある。西日本は中共の一地方（東海省）とされ、東日本は中共の領土の中にある「日本人自治区」と明記されていた。いまから二十年前のことである。

漢字を使う地域は、すべて「中華文化圏」で、「そうした地域は中国のモノだ」とも主張している。

もちろん、南シナ海《サウス・チャイナ・シー》も自分の海だと主張し、堂々と実効支配を推進している。例えば、スプラトリー諸島（中共名：南沙諸島）にも、パラセル諸島（中共名：西沙諸島）にも人工島をどんどんつくり、そこを軍事要塞化している。

中共政権が進出を実行しているのは海だけではない。いまや宇宙すらも中共の覇権を目指す舞台となっている。

いまから二十年以上も前から、中共は宇宙での覇権も明確な国家目標にしていた。そしてアメリカや旧ソ連を見習って、有人ロケットを宇宙に飛ばして見せた。彼らの描く夢が単なる絵空事ではないことを世界に示して見せた。

宇宙の覇権争いに名乗りを挙げ、自らもステイク・ホールダーだと主張しているのだ。

かつて日本は、ゼロ戦をはじめとする世界屈指の航空技術によって、大空でその存在感を示した。ところが、戦後は一時、国産航空機の開発・生産が禁じられ、世界の第一線からはずされた。

宇宙へのロケット発射は、このところやっと人工衛星の打ち上げを請け負うようになったものの、有人ロケットを宇宙に飛ばすことができるのか。この点で、日本は明らかに中共にも後れをとっている。

二〇二〇（令和二）年八月二十七日、安倍首相は来日した米宇宙軍制服組トップのレイモンド作戦部長と官邸で会談している。

それに先立ちレイモンド部長は、鈴木馨外務副大臣と都内で会談した。鈴木外務副大臣は「宇宙空間における日米同盟の重要性は増している」と述べ、またレイモンド部長は「日米の将来的な連携を楽しみにしている」と応じている。

中共の宇宙での覇権に、日米が協力して対抗していこうとの確認だが、いまや米中覇権争いは「宇宙戦争」の様相も示している。そんな現状の中で、今後、日本の果たすべき役割が大きくなっていくことは間違いない。

ところで、日本では第二次世界大戦後、日本共産党や左翼陣営が「日本はアジアに対して侵略戦争を起こした危険な国だ。だから日本は軍隊を持ってはいけないし、専守防衛に徹して、アジア諸国に脅威を感じさせてはいけない」などと主張し続けてきた。

その認識自体が間違っている。そんなことを口にする前に、いま現在、「侵略戦争を起こしてきた危険な存在」がわれわれの目の前に存在していることに気づくべきである。

それは第二次世界大戦後にアジアで侵略に次ぐ侵略を続け、大陸の周辺国を自らの領土にしてきた中共である。中共こそ、第二次大戦後に、侵略戦争を次々と起こしてきた危険な存在の筆頭に挙げられよう。

その中共に対して日本共産党や左翼陣営は「侵略戦争を続けるな！」と言うべきだった。いや、いまからでも遅くない。「日本がアジアで侵略戦争をした」と念仏のように繰り返すのではなく、いま現在、その十倍も、百倍も危険な存在となっている中共に対してアピールするのが筋であろう。

北はモンゴル、西は東トルキスタン、南はチベットを侵略した中共は、さらに東を視野に入れ、台湾を「中国の一部」と主張し、さらに南シナ海を「南中国海」として、行政区まで設置しているのだ。七十五年以上前の日本の「アジア侵略」を責める暇があったら、何よりも、中共のアジア侵略を徹底的に批判すべきだ。中共が、現在進行形、それも明々白々な侵略行為をしていることは、誰の目にも明らかであろう。

日本は中国としっかり対峙できるか

そんな二十一世紀の「侵略帝国」の一党独裁政権のトップとして「現代の独裁者」を演じているのが習近平だ。習近平が独裁者であることは、まぎれもない事実である。安倍首相は辞任したが、安倍首相やアメリカのトランプ大統領を、まるで独裁者かのように言う左翼連中がいた。そんな彼らに、習近平はどう映るのか。習近平の独裁、中共の一党独裁政治をこそ、左翼メディアも批判すべきであろう。

習近平は、安倍さんやトランプとまったく違う「ホンモノの独裁者」だ。共産党一党支配の中にあって、そのワンマンぶりを発揮している。現代世界で、ナンバーワンの独裁者である。問題は、この独裁者の習近平が「かつて中華帝国が最大の版図を持った時の、その版図を取り戻したい」と豪語していることだ。常識的には、そんなことは戯言《ざれごと》と片付けて終わりだ。ところが習近平は、どうも現実にそれを実現しようとしているようだ。とにもかくにも、堂々たる侵略行為を拡大強化して止まることがない。

フィリピンのドゥテルテ大統領の報道官ハリー・ロケ氏は、かつて大統領と共にシナを訪問し、習近平にも面会している。その後に来日し、日本外国特派員協会で記者会見をしているが、中国の南シナ海での侵略行為に対し、「日本の防衛力に期待している」と明言した。また、共産国家であるベトナムの外務省顧問で、元オランダ駐在ベトナム大使のディン・ホアン・タン氏すらも同様の認識を示していた。

両氏は、本書の翻訳者で国際ジャーナリストの藤田裕行氏に、直接そう語っている。また、両氏は拓殖大学での講演でも日本の防衛力への期待を表明した。

いまの習近平の積極的な侵略路線に、私は傍観者でいられない。私は一九六四（昭和三十九）年、前回の東京オリンピックが開催された時に来日して以来、半世紀以上にわたり日本に住み、日本から世界に情報を発信してきた。私の妻のあき子は日本人。息子の杉山ハリーはいま、日本のテレビやラジオで活躍している。つまり、習近平の中共の侵略行動は私や妻、そして息子のハリーに甚大な影響を及ぼすのだ。

安倍晋三は、日本の歴代首相の中で最長の在位期間を達成して辞任した。しかし、首相だった時に安倍が提唱した「積極的平和主義」、そして「憲法改正」はいまだに実現の日の目を見ていない。私は安倍晋三の憲法改正を支持し、それを目にしたいと待望してきた。

また、国家主権の侵害そのものでもある北朝鮮による拉致事件についても、拉致された方々をなんとしても家族のもとに奪還しなければならないと思っている。

それを実現できるかどうかは、日本が真の意味での独立主権国家となるかどうかにかかっている。

そしてまた、日本が真の独立国家になることは、アジアで侵略行為を続ける中華人民共和国としっかりと対峙できるか否かにもつながっていくし、平和を希求するアジア諸国は、日本が防衛面でも、侵略を続ける中共と対峙することを期待している。

日本には英米のような「負の歴史」がない

南モンゴルや東トルキスタン（ウイグル）、チベットなど大陸の周辺国を侵略して、自分の領土としてきた中共は、いまや周辺の島々や海へ、着々と侵略の触手を伸ばしている。われわれ自由主義陣営諸国は団結して、この共産党政権の世界制覇を押し止めなければならない。二十一世紀世界において、いまの中共のような覇権主義、帝国主義、世界侵略が許されるはずがない。ただ、後述するが、イギリスもアメリカも国を発展させる過程で「負の歴史」を背負っている。イギリスを含め、西洋列強に関して言えば、それは世界の植民地支配の歴史である。西洋列強による植民地支配は、どう言い繕おうと、白人による有色人種からの搾取に過ぎなかった。

イギリスは、三角貿易で清国にアヘンを売りつけた過去がある。また、いま自由を求めている香港だが、かつて日本軍が侵攻する前の香港は、絵に描いたような「白人至上主義」と「人種差別」が横行した世界だった。習近平は、そのイギリスの「負の歴史」を持ち出して、「お前たちが、われわれに言う資格があるのか」と意趣返しをしてくるかもしれない。

確かに、かつてイギリス統治下の香港では、「人権」も「自由」もシナ人には認められていなかった。

アメリカも同様に「負の歴史」を持っている。それは、先住民を大虐殺して「新大陸」に居座り、侵略した歴史である。アメリカはさらに、アフリカから黒人を連れてきて奴隷として使役することで、開拓を進めて発展してきた。いまとなってはみとめたくない歴史である。ところが日本は、そうした「負の歴史」を持っていない。

中共や韓国、あるいは北朝鮮は、「日本はアジアを侵略した」とか、「朝鮮人を性奴隷にした」などといろいろと論《あげつら》うかもしれない。しかし、これまで私が訴えてきたように、日本が国家の意志として「南京大虐殺」を行ったことも「朝鮮人女性を性奴隷にした」こともない。そうした主張は、捏造されたプロパガンダに過ぎない。歴史の事実ではないのである。

中共も韓国もそれを「史実」と嘯《うそぶ》いて、日本政府が率先して謝ってきたことを楯にとって日本を攻撃しているだけである。まずは、日本がそうした「嘘の歴史」を、しっかりと糺《ただ》す必要がある。

幸いなことに、いま、中共と南北朝鮮を除いたアジアの他の国々は、日本が毅然《きぜん》と中共と対峙してくれることを期待している。

イギリスやアメリカも、「負の歴史」を背負っているとはいえ、自由主義体制の立場から中共に対峙してゆくだろう。共産党の一党独裁で、「自由」が認められていない中共を、そのまま「アジアの盟主」や「世界の覇権国家」には決してしないであろう。

中共が行っているような、かつての「帝国主義時代」のようなことを、この二十一世紀の国際社会でまかり通らせてはならないのだ。

イギリスもアメリカも、他の自由主義諸国も、「自由」の旗の下に、一致団結して一党独裁の北京政府と対峙することになろう。

そんな中、日本は「アジアの国」である。その日本が、共産党の北京政府が支配する「中華人民共和国」がアジアの盟主となることを唯々諾々と許すのか。

中共のアジア侵略、中共の世界征服を、日本は唯々諾々と見ていていいのか。

そんな日本では、アジア諸国からも、世界の自由主義諸国からも尊敬されないだろう。アジアの自由主義陣営の代表は日本なのだ。その日本がまず率先して共産党の北京政府としっかりと対峙し、非を鳴らして立ち向かうべきなのだ。

イギリスは習近平を許さない

イギリスが中共に香港を返還した時の条件は、「一国二制度」を五十年間は保持することだった。ところが中共は、それを一方的に反故《ほご》にした。イギリスは、国際社会での面子も権威も、丸つぶれにされた。ずいぶん舐《な》められたものだ。

中共は、「五十年」という期間を「共産主義への移行期間」だと強弁するかもしれない。しかし、そんな言い訳は通用しない。「一国二制度」は五十年間保持するのが約束だ。「いま二十三年が経っているが、ほぼ半分の期間に近づいたので、これから徐々に共産主義へとシフトしていく」とでも言うつもりなのだろうか。とんでもない詭弁《きべん》であり、明らかに国際条約違反と言えよう。

香港問題に関しては、イギリスは当事国であるから、当然に中共による香港の「自由の剝奪《はくだつ》」について厳しい対処をするであろう。また、そうであらねばならないと私は思う。

イギリスは、アメリカや日本をはじめとする自由主義諸国と一致団結して、まずは無法で暴力的で強欲な中共による香港支配を止めなければならない。

また、それと同時に日本も、アジア諸国の自由と豊かな繁栄・発展のために積極的平和主義を実践すべきではないだろうか。それを中国や韓国・北朝鮮を除くアジア諸国は期待している。

いまこそ、日本が安全保障の点でも、中共の現在進行形の侵略行為を抑止し、「一国平和主義」の愚昧《ぐまい》を超克《ちょうこく》して、アジアと世界の平和のために貢献すべき時を迎えているのだ。

第二章

欧米が予測していた「武漢ウイルス」のパンデミック

それは武漢から始まった

新型コロナウイルスは、私の生活に突然襲いかかってきた。

いま私は介護施設と自宅とで療養生活を送っている。自宅にいる時は、室内で自転車をこぐような機械で足を鍛えたりしている。

私は、前述したように、一九六四（昭和三十九）年に日本にやってきた。フィナンシャル・タイムズの東京支局を立ち上げるためだった。あのピンク色の世界一の経済紙を、日本に持ってきたのは私だった。

その年はちょうど東京オリンピックの年でもあった。焦土と化した東京が、世界に向けて「復活」の姿を見事に示した。終戦からわずかに十九年。日本の、否、日本人の復興のエネルギーがそこには満ち溢れていた。

そして二〇二〇（令和二）年には「東京オリンピック」が再びやって来ることになった。私は「もう一度、東京オリンピックを見たい」と思って日々を送っていた。ところがその夢が、突然先送りとなってしまった。恐ろしい感染症がやってきたからだ。老人たちが楽しそうに日々を過ごしていた介護施設は緊迫感に包まれた。

この新型コロナウイルスは感染すると突然に重症化したりするという。特に高齢者は肺炎が悪化し、呼吸困難となる。

すでに肺炎を数度にわたって患い、感染症にもかかっていた私は、まさに最もリスクが高い存在となった。老人ばかりの介護施設は、介護にあたる若手のスタッフを含め、厳戒態勢の緊迫状態に置かれた。それもそうだろう。もし一人でも感染者が施設内に入れば、もう施設は機能しなくなる。

いったい、どうしてこんなことになったのだろうか。なぜ、二十一世紀に生きるわれわれが、そして世界中が、まるで映画の世界のようなパンデミックに見舞われたのか。疑問の数々が、脳裏をよぎった。

そして、その源《みなもと》が中国共産党の一党独裁にあると知った時、さらにその震源地が他ならぬ「武漢」であると知った時、私は言い知れぬ恐怖を感じた。

中国共産党にはミッションがある。世界の共産化だ。よく「CIAにはルールはない。ミッションがあるだけだ」などと言うが、諜報機関は時に手段を択《えら》ばない。暗殺もすれば、「斬首作戦」の舞台準備もする。重要なのは目的達成で、彼らのルールでは殺人すらも「違法」ではない。ミッションの遂行のためには、国際法も国内法もおかまいなしの存在なのだ。その意味で、われわれとは住む世界が違う。

実は中国共産党も同様だ。それが単なる「理論」でも「脅し」でもないことは、例えば毛沢東が「中華人民共和国」を建国する過程で、どれほど大虐殺をしたかを想い起こせば、すぐにわかる。どれほどの自国民を、文化大革命で大虐殺したことか。

それにもかかわらず、中共は「日本軍は南京で三十万人（いまでは五十万人などと数字が増えている）を大虐殺した」などと大嘘を並べて非難する。日本は虐殺などしていないのに、日本人が委縮するから面白がってやっている。自国民を数千万人も大虐殺しておきながら、まさに盗人猛々しいといったところだ。

それはさておき、このパンデミックが、「中共から世界へと広まった」と知った時、私が恐れたことは、それが「単なる病気ではないのではないか」ということだった。

死者数を見ると、まるで「戦争」が起こったかのようだ。現時点（二〇二〇年十一月十一日）での死者数は、イギリスが四万九千人以上、アメリカは二十四万人に迫っている。他に、メキシコが約九万五千人、イタリアが四万千七百五十人、フランスが約四万千人といったところだ。

人々はマスクを強要され、「ロックダウン」と呼ばれる都市封鎖が世界各地で行われ、都市から人が消え、まるでゴーストタウンのようになった。

このウイルスはいったい中共のどこで発生したのか……。

その答えが、「武漢」だと聞いた時、私は瞬時に、それが共産党の「ウイルス兵器」ではないかと疑った。

歴史的にシナの重要拠点だった「武漢」

武漢は戦略的にも重要な拠点にある。「北京の南、広州の北、成都の東、上海の西」とよく言われるが、シナの様々な王朝や国家の要衝であった。古くは殷《いん》、楚《そ》などの王朝があったし、『三国志』の舞台でもある。

漢朝の初代皇帝だった劉邦《りゅうほう》がシナを統一した時に、中央政府が置かれたのが武漢だった。だから漢民族にとって、武漢は誇りにすべき地であった。

しかし、漢は一八四年に起きた「黄巾《こうきん》の乱」を収められずに崩壊し、群雄割拠の『三国志』の時代を迎えるのだ。映画『レッド・クリフ』でも知られる「赤壁《せきへき》の戦い」も武漢の近くで起っている。

三国時代、武漢は呉の版図に入った。その後、武漢は唐の時代から清の時代まで、軍事、あるいは通商の拠点だった。

歴史が流れ、一八四二（天保十三）年に清がイギリスとのアヘン戦争に敗れると、西欧列強各国が武漢に居留地をつくった。各国の領事館、企業、学校などが武漢にあった。

一八九一（明治二十四）年には、「漢陽兵工廠」という、主に小銃を製造する軍需工場が建設され、そこでつくられた小銃は、一九五三（昭和二十八）年に朝鮮戦争が終わるまで中共軍を代表する兵器だった。

清が滅びるきっかけとなった革命軍が蜂起したのも武漢だった。いわゆる「辛亥革命」の勃発で、一九一一（明治四十四）年のことだ。

秦の始皇帝からずっと様々な王朝が続いてきたが、その王朝時代が終わり、シナの歴史で初めて「共和国」となったのが中華民国だった。ただ、その時代もこれまで書いてきたように、シナはひとつの国として統一されていたのではない。群雄割拠し、言わば「無主の地」だったのだ。


その武漢と日本は、近代史において様々な歴史を刻んできた。

一九三七（昭和十二）年十二月十三日の首都・南京陥落の後、重慶に逃れた蔣介石の中華民国を降伏させるには、武漢攻略戦が要と思われた。

菊池寛、吉川英治をはじめとする作家たちが大陸に渡り、帰国後に、その「従軍記」を雑誌などに書いた。

「武漢へ、武漢へ」と熱気に溢れる日本では、武漢をテーマにした「軍事歌謡曲」も数多くつくられた。特に「ダウンタウン」として知られた「漢口」は、レコード会社も競うようにヒット曲を増産した。

テイチクは「漢口へ！血の突撃路」「漢口だより」。ビクターは「漢口—東京」。タイヘイは「帰ろう帰ろう漢口へ」。アサヒは「漢口陥落だより」「奪ったぞ！漢口」。ポリドールは「武漢攻略の歌」「武漢を指して」「漢口突入」「漢口だより」「武漢陥つとも」と、まるで戦況報告かのように歌謡曲を量産した。

私は、クルーズ船が武漢から横浜港に入港して、そこから新型コロナウイルスが日本に上陸したと聞いた時は、ふとそれを思い出し、一瞬、中共による日本軍の武漢攻略戦の「報復攻撃」が始まったのではないかと考えた。

そんな危惧をするほどに、武漢は日本のシナ大陸での戦闘と深い関わりがあったのだ。

思えば「シナ事変」における武漢作戦は、日本軍にとって分水嶺となった。

中華民国の首都・南京が陥落する前に、蔣介石らは夜陰に紛れて重慶へと「敵前逃亡」した。その蔣介石を追撃して、日本軍はその途次《とじ》にある武漢の攻略を目指し、最大規模の三十万の戦力を投入して「武漢三鎮（武昌、漢口、漢陽）」の攻略戦を行った。

結果として、一九三八（昭和十三）年十月二十六日に漢口を占領、十一月九日に通城、十一日に岳州を占領したものの、前線と後方の距離が伸びすぎ「進出限界」に達して作戦は終了となった。

武漢は占領したものの、天然の要塞のような新首都・重慶は攻略が極めて難しく、蔣介石の中華民国政府を打倒するまでには至らず、いわゆる「日中戦争」が、ずるずると一九四五（昭和二十）年まで続くこととなった。

そして二十一世紀になって、突然、武漢から新型コロナウイルスが姿を現した。さらに、まだ真偽はわからぬが、それは自然発生的にウイルスが生まれて広まったのではなく、中共の生物化学兵器で、「意図的に撒かれた」という説もあった。

私自身、生きているうちにこんなことが起こるとは予想すらしていなかったし、大きな衝撃を受けることとなったが、その仮説が正しいかもしれないと考えるに足る状況があることを指摘しておきたい。

武漢郊外で行われた日本軍の遺棄化学兵器処理

天皇のご聖断が下り、ポツダム宣言を受諾した日本軍は、一九四五（昭和二十）年八月十五日に無条件降伏し、武装解除を行った。軍隊の無条件降伏……それが、日本政府がポツダム宣言を受諾した際の条件だった。

無条件に降伏するとはいっても、戦域によっては戦いを優位に進めていたところもあり、日本軍の将兵の中には「なんで勝っているわれわれが、敗けている敵に無条件に降伏し、武器をすべて渡さなければならないのだ」と憤慨する者もいたという。しかし、天皇のご聖断となれば、日本軍は従容として従った。アジア全域に展開する日本軍将兵は、見事に武装解除を行ってみせた。

降伏した敵が武装解除したことによって獲得した武器は、獲得した側のものとなる。その取り扱い責任は、武器を所有した側が負うのが当然であろう。

その武器の中には「化学兵器」も含まれていた。一般に、化学兵器とは主として「毒ガス」のことだ。第一次世界大戦で使用され、その被害の悲惨さから、一九二五（大正十四）年の「ジュネーブ議定書」で使用が禁止された。しかし、研究や製造が禁止されることはなかった。このため、それ以降も各国は化学兵器を保有し、相手が使用しない限り使用しないという前提で実戦配備されていた。当然、国民党政府が獲得した化学兵器の管理は、国民党政府が行うべきことだった。ところが、国民党政府も、その後の共産党政府も管理が杜撰だった。

そして戦後になって、日本は国民の税金を使って「遺棄化学兵器処理事業」を行うこととなったのである。

一九八七（昭和六十二）年のジュネーブ軍縮会議で、中共代表が遺棄化学兵器の遺棄国の責任に言及、それ以降は中共と日本の二国間交渉と共同調査が行われるようになった。

その後、一九九七（平成九）年に『化学兵器禁止条約』が発効し、「ジュネーブ議定書」が調印された一九二五（大正十四）年一月一日以降に「他国の領域に同意なく遺棄された化学兵器」は老朽化し使用不能となったものも含めて、現地の管理国だけでなく、遺棄した国にもその廃棄を義務づけることになった。

ポツダム宣言受諾により武装解除した兵器の処理責任の範囲や、一方的に日本側が費用負担をする必要性、あるいは国税をいくら使うかなど、この「遺棄化学兵器処理」については、言い分は多々あるとは思うが、ここではその正当性の議論には立ち入らず、事実についてのみ言及しよう。

一九九〇（平成二）年、中共は旧日本軍が中国に遺棄した化学兵器の処理に関する問題を解決するよう、日本政府に要請してきた。それに対し、日本政府は化学兵器禁止条約に基づき、シナにおける遺棄化学兵器の廃棄を行うことを決定。二〇〇〇（平成十二）年の黒龍江省北安市における発掘・回収を皮切りに、南京市、石家荘市、敦化市での遺棄化学兵器の回収・廃棄作業を進め、二〇一四（平成二十七）年からは武漢市での回収・廃棄作業に着手、二〇一五（平成二十七）年には、その作業も終了させた。

そもそも日本陸軍における化学兵器の研究は、現在の神奈川県川崎市多摩区生田にあった登戸研究所で行われていた。陸軍科学研究所の下に設立された研究所である。

そこでは、小麦や稲、トウモロコシを対象とした生物兵器（対人用ではない）や、細菌兵器の研究も行われていた。また、それらの実験は中支那派遣軍司令部と連携して、シナの湖南省洞庭湖の周辺地域で行われたともされる。武漢からわずか二百キロほどの位置である。こうした背景から、武漢にそうした化学兵器や生物兵器を研究開発する中共の研究所があったとしても、それは特に不思議なことではない。

また、武漢で行われていた遺棄化学兵器処理事業で、最先端の知識や技術が使われ、そうしたものが中共の「資産」となったとしても、それまた充分にあり得ることである。

新型コロナウイルスは中共の生物化学兵器か

ここで大切なのは、しっかりと物事を整理して考えることである。「新型コロナウイルスは自然発生的なものではなく、中共の細菌兵器、あるいは化学兵器ではないか」という説や「意図的に撒かれた」という説を全面的に排除してしまうことは間違っているし、可能性は充分にある。

第一に、各国は「兵器」の研究開発を常に行っており、そこには「細菌兵器」「化学兵器」なども含まれる。それは「防衛」という観点からも必要不可欠なことだからである。

例えば日本は、その最先端の研究開発を行ってしかるべき背景と理由がある。オウム真理教による大規模な「サリンテロ」事件が、今からわずか二十五年前に、首都の官庁街・霞が関で起こっている。

「細菌兵器」でも「化学兵器」でも、自分側が使わなくとも、敵やテロリストが使用する場合が考えられる。だからこそ、各国の軍はそうした「兵器」から自国民を守るためにも研究開発はしなくてはならない。

そうした観点に立てば、例えば、かつて広東省を起源とした「SARS」が発生したのを機に、SARSが兵器として使われた場合にどう防御し、防疫できるかを、各国が研究していたとしても不思議ではない。

そうした研究には、実際に、「兵器として使用できるか」「兵器として使用するにはどうすれば良いか」など、様々な考察がなされるだろう。そしてまた、その研究プロセスでは、菌やウイルスを培養したり、増殖させたりもする。これは、ウイルスのワクチン開発でも同じことだ。

つまり、新型コロナウイルスに関して言えば、それが中共の「化学兵器」であったとしても何も不思議ではないということである。

もちろん、その拡散や感染が、意図的なものであったか、事故であったかについては私には判定できない。しかし、それは中共がつくり出した「化学兵器」であるという考察を完全に頭からかき消してしまってはいけないということである。それは思考停止であり、別な角度から見れば、ある種の洗脳でもある。

「危機管理」の要諦は「Think unthinkable.」――考えの及びもつかないことさえ、考えてみることである。こうした「危機管理」思考は、平和な日本には、特に必要であろう。

「戦争はいやだ。だから戦争のことは思い出したくないし、考えたくない」という姿勢は、間違っている。戦争の惨禍を回避するためにも、戦争をよく知ることが重要なのだ。

新型コロナウイルスは自然発生したのか?

ここ数年、著書にもそのように書いているが、私には相棒がいる。翻訳を担ってくれている国際ジャーナリストの藤田裕行氏だ。日本外国特派員協会での記者会見から、英語・日本語の様々な旬な情報をもたらしてくれる。

藤田氏は、二〇一八（平成三十）年に日本武道館に一万一千人が集って開催された「憲法改正一万人集会」では、同時通訳ブースに入って、当時の安倍晋三首相、櫻井よしこ氏、百田尚樹氏などの日本語のスピーチを英語に同時通訳している。日本の新聞や雑誌の記事も、日本語で音読するぐらいのスピードで英語に通訳してくれるとても有難い存在だ。

藤田氏が私にもたらしてくれる情報は、私の判断にとても役立っている。その藤田氏の情報によると、武漢には「中国科学院武漢病毒研究所」というものがある。「病毒」とはウイルスのことだ。

さらにそこには、「P4」とランクづけされる実験室があるという。これは「BLS」（バイオ・セーフティー・レベル）を数値で示したもので、P4は、危険度が最も高いことを意味している。さらに、P4で行われているのは、ほとんどが「兵器の開発のため」の研究だという。

日本では、自衛隊が開発して民間に転用される技術やノウハウは、あまり聞いたことがない。しかし、日本以外の国では、軍が開発した技術やノウハウが、民間に活用されてゆくケースは実に多い。

インターネットやGPSも、そもそも軍のシステムだったし、ビジネスで使われる様々な戦略や訓練ノウハウも軍が開発し、民間がそれをビジネス戦士の研修に利用し、結果として一般に広まったというものが多い。技術開発もそうだ。軍が最先端の技術を開発し、後になって民間にその技術が転用されることは実に多い。

中共は、新型コロナウイルスについて、「武漢の華南海鮮卸売市場で売っているコウモリを食べた人から感染が拡大した」と説明した。

その説明動画では、若い女性が美味しそうにコウモリを食べるシーンを流して、世界中の人々の印象を操作しようとしたのである。

しかし、逆にそれが疑惑を深めた。確かに新型コロナウイルスは、コウモリに由来する。しかし武漢のある湖北省はコウモリの生息地ではない。ウイルスに感染したコウモリが食材として市場に持ち込まれたと思われるかもしれないが、それだけでは解けない謎があるのである。

二〇二〇（令和二）年一月二十三日のイギリスのデイリー・メール紙は、「新型コロナウイルスの本当の感染源は、海鮮市場から十二キロ離れた場所にある中国科学院武漢病毒研究所のP4生物安全実験室である可能性が高い」という記事を掲載した。

また、女流作家の楊逸《ヤンイー》氏も新型コロナウイルスに関して数々の問題提起をしている。

楊女史は、私が来日した一九六四（昭和三十九）年に、中国のハルビンで生まれたが、一九八七（昭和六十二）年に来日し、お茶の水女子大学を卒業している。そしてなんと、二〇〇七（平成十九）年には文學界新人賞を受賞、さらに翌年には日本語を母国語としない作家として史上初の快挙を成し遂げた。なんと芥川賞を受賞したのである。その聡明な楊女史は、最近、『わが敵「習近平」』（飛鳥新社）も出版しているが、その中で、次の様に問題点を指摘しているのである。

そもそも、武漢にある「ウイルス研究所」で「ウイルス改変実験」が行われていることは以前から知られていたが、欧米の科学者は、この研究所の管理の杜撰さとウイルス漏洩の危険性を、なんと二〇一七（平成二十九）年から指摘していたという。

欧米がこうした警告をしていたのには理由がある。この報道の二年前に、ウイルス研究所の研究主任であった石正麗《せきせいれい》が、医療専門誌『ネーチャー・メディスン』で、「SARSコロナウイルス・バックボーンとキクガシラコウモリの遺伝子操作によって、人間のACE2受容体と結合できるハイブリッドなコロナウイルスを設計した」と発表していたからだ。本来なら人間には感染しにくいコロナウイルスを、人間に感染するウイルスに変異させる研究に成功したというのである。

いったい、それを何のために、どう使うつもりだったのか。

アメリカの国立衛生研究所には、様々なウイルスのサンプルが保管されており、傘下の米国生物工学情報センターが、欧州分子生物学研究所や日本ＤＮＡデータバンクから寄せられたものも含むウイルスの塩基配列データベース（GenBank）を提供しているが、そこには、今回武漢で発生した新型コロナウイルスのサンプルも保管されている。

このサンプルが実は、二〇一八（平成三十）年に人民解放軍が浙江省舟山に生息する「舟山コウモリ」の体内から発見して分離した新型コロナウイルスに酷似している。

つまり、今回の武漢で発生した新型コロナウイルスが、舟山コウモリの体内から発見・分離した新型コロナウイルスを人為的に改変したものである可能性を強く示唆しているというのだ。実際に、新型コロナウイルスの「Ｅタンパク」の組成構造は、舟山コウモリ・ウイルスとほぼ百％の類似を示したが、そんなことは自然界の進化の過程ではまず起こり得ないとされる。つまり、今回の新型コロナウイルスは、人為的につくられたウイルスだというのである。

感染は自然に広まったのか？

そうした情報を分析すれば、新型コロナウイルスは、武漢のウイルス研究所で人為的につくられたものである疑いが極めて濃厚であると、楊女史が訴えることは可能だろう。私は、この点について、あくまで問題提起であり、真実の証明だと言うつもりはない。しかし、少なくとも検証の必要はあるだろう。

問題は、中共政府がその事実を認めるのか、それとも反駁《はんばく》するのかである。反駁するというのなら、それなりの証拠を提示する必要があろう。

さらに、武漢から世界に広まり、二十一世紀のパンデミックを引き起こした新型コロナウイルス（武漢ウイルス）には、重大なもうひとつの疑惑がある。

それは、「このウイルス感染は、自然に起こったのか、事故だったのか、それとも意図的に拡散させられたのか？」ということである。これは、極めて深刻な事態を内包した問題提起であると言えよう。

もし、それが中共によって、意図的に拡散されたのだとしたら……。既にアメリカでは二十三万人以上の死者が出ているのだ。我が祖国イギリスでも四万七千人以上もの死者が出ている上に、ロイヤルファミリーのチャールズ皇太子やウィリアム王子、さらにはジョンソン首相までも感染をさせられた。うやむやに済ましていい事柄でないことは言うまでもない。

メディアも、この問題提起には真剣に取り組むべきである。なにしろ全世界では、二〇二〇（令和二）年十一月九日の時点で、感染者数が五千万人以上、死者数は百二十五万人を越えている。こんなウイルスが意図的に拡散されたとしたら、それはテロであり戦争行為であると言っても過言ではなかろう。

楊女史は、この点について、中華人民共和国出身の実業家であり、二〇一四（平成二十六）年に中国を逃れてアメリカに亡命した郭文貴《かくぶんき》氏が、自身のホームページで発した情報をもとに重大な問題提起をしていると言う。郭文貴氏は中共政府の極秘情報に通じており、様々な告発をしていることで知られているが、新型コロナウイルスが「意図的にばら撒かれた」のではないかという疑惑の背景には、次の様な事実があるというのだ。

中共の人民解放軍は、二〇一九（令和元）年九月に武漢で軍事演習を行ったが、その時に、武漢の当局者がウェイボーというネットサイトに投稿をしている。その内容は次のようなものである。

〈演習に出席した一人が著しく体調を崩し、呼吸困難に陥って生命の危険があるというが、苦しくて命が危ないということで病院に急行した。

われわれは、いま、こうしたことが発生したら、まず新型コロナウイルスを疑うだろう。そのことに疑いの余地はない〉

今なら日本人も「まず新型コロナウイルスを疑う」だろう。しかし、二〇一九年九月の時点で、そんな疑いを持てただろうか。

楊女史は、「つまり、この時点で、武漢では新型コロナウイルスの発生を想定した訓練が人民解放軍によって実施されていたのです」と訴えている。

さらなる問題発言は、この武漢の当局者の次の記述である。

〈（病院に急行したところ）新型コロナウイルスによるものだと診断された〉

また同年十二月になると、人民解放軍は南京近くの軍港で「万が一クルーズ船で感染が発見された場合」を想定した軍事訓練を行っている。その内容については、軍事訓練に参加した機関のホームページに記載されていたという。

日本人なら誰でもここで「クルーズ船？」と訝しく思うことだろう。「時系列がおかしい」と……。日本の厚生労働省が報道機関に次のように告知したのは、二〇二〇（令和二）年二月五日のことだった。

〈報道関係者各位
横浜港に寄港したクルーズ船内で確認された新型コロナウイルス感染症について
2月3日に横浜港に到着しているクルーズ船「ダイヤモンド・プリンセス号」については、海上において検疫を実施中ですが、これまで新型コロナウイルスに関する検査結果が判明した31名のうち、10人については、新型コロナウイルス検査の陽性が確認されたため、神奈川県内の医療機関へ搬送されました。
同クルーズ船に対する検疫は、引き続き実施しています。現在、有症者を中心に新型コロナウイルス検査を実施しており、その結果については、追って公表いたします。
令和2年2月5日（水）【照会先】厚生労働省医薬・生活衛生局検疫業務管理室〉

日本政府、否、日本国民は中共政府に対して、断固として説明を求めるべきであろう。人民解放軍は二〇一九（令和元）年十二月の時点で、なぜ「万が一、クルーズ船で感染が発見された場合のシミュレーション」を実施したのかという説明である。

あるいは、「なぜ、そのようなシミュレーションを実施できたのか？」と問い質したほうが正しいのかもしれない。まるで、翌年に日本を巻き込んだできごとを、予測していたかのようである。それは偶然なのか？　それとも必然的な背景事情があるのか？

偶然とは思えないできごとは他にもあった。二〇一九（令和元）年十月、武漢では『ミリタリー・ワールド・ゲームズ』が開催された。言わば世界の軍隊のオリンピックのような催しで、主催は「国際ミリタリースポーツ評議会」だった。この催しには、米軍、ロシア軍をはじめ世界のなんと百九か国が参加。出場選手は九千六百人という大規模なものだった。

その時、中共の人民解放軍・生物化学部隊が、武漢国際空港で「防疫対策訓練」を実施した。その想定が、驚くべきものだった。「軍事オリンピックに参加した外国軍の荷物から、新型コロナウイルスが漏洩した」という前提だったのである。

はたしてこれが偶然と言えるのだろうか。楊女史は、「私は人民解放軍内に『新型コロナウイルスを生物兵器として軍事的に使う想定』があったのではないかと考えています」と述べている。恐らく誰もが、そう思うのではなかろうか。

習近平国家主席には重大な責任がある

この時系列的な矛盾は、習近平国家主席にも重大な責任を及ぼすことになる。ひとつは、誰もが思う「隠蔽責任」である。

二〇一九（令和元）年九月に、軍事演習を行った時に、新型コロナウイルスに感染していると病院で診断された「感染陽性者」がいた。しかしその事実は隠蔽されたのだ。

楊女史は、その他にも多くの、世間一般には知られていない「事実」を指摘している。

例えば、武漢ウイルス研究所のP４実験室に所属する研究者と、武漢大学でウイルス研究をしている者とによる研究チームについて、次のような言及がある。

〈二〇一三年、この研究チームはSARSウイルスと雲南コウモリの関係性を発見。その後、雲南コウモリのACE2という『遺伝子のスイッチ』を研究して、遺伝子組み換え技術を応用して、コウモリのタンパク質とマウスのSARSウイルスとを組み替えて、新しいウイルスを誕生させた。そして「これを人体のACR2（遺伝子の受容体）と結合させることで、効率よく人間の呼吸器細胞に感染させることができる」と発表している〉

それにしても、人間に感染する新ウイルスは、どのような目的をもって生み出されたのだろう。楊女史は、「これこそ『生物兵器』開発の意図以外の何ものでもありません」と、語っている。二人の研究者チームのことが事実であれば、その目的は明らかであろう。

ちなみに二人は、「この発見が多大な意義を持つ」「次は、より人間に近い猿を用いて実験し、人体での効果についてさらに研究を進めたい」と計画していたそうである。
この二人の論文は、発表後にアメリカの科学者の間で、その危険性を巡る大論争を巻き起こした。(『Nature Medicine』 A SARS-like cluster of circulating bat coronaviruses shows potential for human emergence by Shi-zhengli Ge-shiyi and others, Jan. 9, 2015)
しかし、これはよく解釈すれば、新型コロナウイルスが万が一にも人間に感染するようになった場合に、そのウイルスからの防護のための研究と、そう考えることもできる。

武漢ウイルスの裏に「ディープ・ステート」?

私は、いわゆる「陰謀論」とは距離を保っているつもりである。その前提で、翻訳者の藤田裕行氏からもたらされる様々な「面白情報」には、それが事実であると思える限り、関心を持ってきた。

そんな私が興味を持ったのは「ディープ・ステート」の話である。

このディープ・ステートについては、二〇一八(平成三十)年五月に、アメリカのトランプ大統領が、ツイッターで「犯罪者」だと批判をして注目を集めたが、『馬渕睦夫が読み解く 2020年世界の真実~百年に一度の大変革期が始まっている~』(ワック出版)は、

「国境を廃止し、グローバル市場によって世界統一を目指すユダヤ系左派の国際金融資本によって形成されている国家内国家・影の統治者」と定義し、「国家を忌避してグローバリズムを目指す『ディープ・ステート』は共産主義と同根」と論じている。

さらに、今回の世界的なパンデミックで多くの企業や労働者が多大な損害を受けた一方で大きな経済的利益を挙げている存在がある。それがいわゆるディープ・ステートだという話も聞いた。

「国家すらも背後から動かしている」というと陰謀論のようだが、実際に巨大な国際金融資本は国際標準とか世界基準と称して「グローバル・スタンダード」に合わせることを強要し、グローバルな「基準」を使って各国内の「基準」を破壊している。

例えば、アメリカに「アメリカン・スタンダード」ではない、「グローバル・スタンダード」を持ち込んでくる。極端な表現をすれば、日本の天皇の皇位継承にまで「男女平等」を当てはめようとするようなものだ。

そうしたことが、往々にしてグローバル企業や無国籍の国際金融資本によって強力にバックアップされるのだ。国益より以上にマネーを稼ぐことが、そうした国際金融資本には大切な価値観になる。

問題なのは、そうした国際金融資本や投資家が中共に投資をしていたり、裏で中共と結びついたりしていることだ。資本主義の権化であろう巨大資本は、共産主義でさえも金儲けの道具として使えるならイデオロギーは関係ないのかもしれない。

これに反発したのがトランプ大統領だったという見方がある。トランプ大統領はディープ・ステートを目の敵にしており、例えば投資家のジョージ・ソロス氏を名指しして「地獄に落ちろ」などと発言して話題になったこともある。

それはさておき、アメリカでは複数の州が経済活動を再開させ始める中、感染者数は今も増加し続けている。国立アレルギー感染症研究所（NIAID）の所長で、トランプ政権の新型コロナウイルス対策本部の主要メンバーでもあるアンソニー・ファウチ博士は、このウイルスが根絶される「可能性はほぼない」と語った。こうして新型コロナウイルスのパンデミックが世界中で死者や感染者を爆発的に拡大する中で興味深いのは株式市場だった。

地球規模の危機であるにも関わらず、株価は瞬間的な下落はあったものの高い水準を維持している。世界中の企業の収益がマイナスに転落しているというのに株価は上がっていた。これは、新型コロナのワクチン開発など新たなビジネス・チャンスがあると予測した市場が買いに走ったからだ。あるいは「新しいライフスタイル」による新たなビジネス・

チャンスを予測してのことかもしれない。

会社に出社しないで、リモートで仕事をするとなると新規市場が開拓できる。例えば、本社機能を地方に移したりすることにより、リモートで仕事をする上で必要なサービス、つまりネットのサービスとか宅配ビジネスなど、市場を拡大させるサービスや商品が生まれてくる。投資家としては見逃せないマネー・メイキングのチャンスだろう。発展してゆくビジネスやサービスに投資することで、これまでにない大きな利益を獲得することができるだろう。

パンデミックの背後にビル・ゲイツの「予言」

繰り返すが、私はいわゆる「陰謀論」に与《くみ》するつもりはない。ただ事実だけは、しっかりと把握しておきたい。

ビル・ゲイツ氏は、言わずと知れたソフト「ウィンドウズ」を発売して巨万の富を稼ぎ出したマイクロソフト社の創業者だ。さらにビル・ゲイツ氏を英雄にしたのは、十兆円とも言われる資産の九割を慈善事業に投ずると宣言したことだ。まさにノーブレス・オブリージュ＝「高貴なる者の義務」を実践する素晴らしい経営者として喝采を浴びた。

ところが、新型コロナウイルスによるパンデミックが現実となると、ビル・ゲイツ氏のここ十年ほどの軌跡には、不思議な偶然が見られ、言い知れぬ違和感を覚えずにはいられないのだ。簡潔に説明しよう。

みなさんは、ＴＥＤ（Technology Entertainment Design）という会議をご存知であろうか。「広める価値のあるアイディア—Ideas worth spreading」をスローガンに、アメリカのカリフォルニア州ロングビーチやカナダのバンクーバーで、世界に向けた講演会『ＴＥＤ会議』を毎年開催している。

それは二〇一五（平成二十七）年のことだった。ＴＥＤ会議で講演したビル・ゲイツ氏は、「もし次の疫病大流行が来たら？」との演題で講演を行った。

その講演でゲイツ氏は、

「もし一千万人以上の人々が次の数十年で亡くなるような災害があるとすれば、それは戦争というよりはむしろ感染性の高いウイルスが原因の可能性が大いにあります」

「これまで私たちは核の抑止に巨額の費用をつぎ込みましたが、疫病の抑制システムの創出については、ほとんど何もやってきていないのです。私たちは、次の疫病の蔓延への準備ができていないのです」

と語っていた。

ここまでは、まだゲイツ氏の洞察力とも言えよう。しかし彼は、それ以上の予測をまるで確実に将来起きるかのように語っているのだ。彼の発言をいくつか抜粋しよう。

〈今年エボラが蔓延した段階を見てみましょう。およそ一万人が亡くなり、ほぼ全員が西アフリカの三か国の住民でした〉

〈次はそう運に恵まれないかもしれません。ウイルスの中には、感染していても症状が無く、そのまま飛行機に乗ったり、市場に行ったりするケースもあります。ウイルスの感染源は、エボラのような自然由来の疫病だったり、バイオテロでもあり得るのです〉

〈一九一八年のスペイン風邪の例では、猛烈な勢いで感染は瞬く間に世界中に蔓延し、三千万人の感染者が死亡しました〉

〈危機に備えた体制づくりが必要です。そのためのレッスンは、繰り返しになりますが、戦争に備えることから学べると思います〉

〈エボラの蔓延から得る何かひとつ良い教訓があるとすれば、私たちが準備を始めるための警鐘となったということでしょうか。いま始めれば、次の疫病への対策は間に合います〉

以上が、五年前のビル・ゲイツ氏の発言だ。さらに、藤田氏からの情報によると、もっと驚くべき事実がある。

二〇一九（令和元）年十月十八日と言えば、それは新型コロナウイルスの感染が確認される前のことだ。

その日、『EVENT201』という国際会議が開催された。テーマは、「COVID-19」。つまり「新型コロナウイルス」である。そして、ビル・ゲイツ夫妻が共同代表を務めるビル&メリンダ財団、ジョンズ・ホプキンス大学健康安全保障センター、ダボス会議（世界経済フォーラム）の代表メンバーが意見発表を行っている。

まるで映画の中のできごとのようだが、これは実際に行われた会議である。動画もあるので、是非ご覧頂きたい（https://www.youtube.com/watch?v=AoLw-Q8X174）。

あくまで「事例研究」という建前で、「新型コロナウイルスによって、最終的には全世界に一千万人の感染者が出るパンデミックとなる」と予測している。

そして、この会議の三カ月後に、武漢から新型コロナウイルスが世界に広まった……。

第三章

香港の民衆を支援せよ！

自由のために立ち上がった香港の民衆

南モンゴル、ウイグル、チベットと周辺国を侵略してきた中共は、香港に対してどういう行動に出てくるのか、イギリス人の私には、そのことが気になって仕方がなかった。

一九九七（平成九）年七月一日、イギリスは香港を中共に返還した。

すると、香港の中心街セントラル（中環）にほど近い施設に、大きな赤旗が掲げられた。九龍から香港島へのトンネルを抜けると、コーズウェイベイ（銅鑼灣）に入る。そこからセントラルに向かおうとすると、道の右側に大きな赤旗が掲げられているのが目に入った。「一国二制度」の国際条約は、五十年の期間保たれることを明記しているが、香港に掲げられた赤旗は、そこが共産党の支配する領土であることを誇示するかのように、はためいていた。ぞっとした。香港の「一国二制度」は、いつまで保たれるのか、不安がよぎった。

それというのも、チベットに同様の「高度な自治」を約束をしていた中共が、そんなものは不渡り手形と同様、何の役にもたたなくしたからだ。国際仲裁裁判所の裁定を「紙くず」と憚《はばか》ることもなく断言する中共にとって、「一国二制度」や「高度な自治」などの約束も、「紙くず」ほどのものにすぎないのだろう。

二〇一四（平成二十六）年九月二十六日から始まった香港特別行政府に反対する抗議デモは、十二月十五日まで続いた。十月十日にアドミラルティ（金鐘）に集まった人々が、警察の催涙スプレーに雨傘で対抗したことから、ＢＢＣ（英国放送協会）は、このデモを「雨傘革命」と名付けた。

金鐘は、英語では「アドミラルティ」。イギリスの海軍基地「アドミラルティ・ドック」に由来する。香港中心部にある官庁街で、コーズウェイベイ（銅鑼灣）から車で香港の中心街セントラル（中環）に向かうと、その手前にアドミラルティ（金鐘）がある。

デモの発端は、二〇一七（平成二十九）年に実施が予定されていた香港特別行政区の行政長官選挙にあった。「一国二制度」を五十年間は維持する約束で、イギリスは香港を中共政府に返還した。当然に、「高度な自治」が認められ、香港特別行政区の運営には、香港市民の民意が反映されなければならない。

ところが、北京で行われた「全人代（全国人民代表大会）」の常務委員会が、二〇一四年八月三十一日、「行政長官候補は、二〜三名に限定する」と発表した。行政長官候補となるには、指名委員会の過半数の支持が必要とされているが、その多くは北京に媚びる者で、事実上は、北京政府の意向に沿わない立候補者は排除されるという決定に等しかった。このことを断じて許せないと、学生たちは授業をボイコットしてデモに参加した。

実は、それに先立つ二〇一一（平成二十三）年の段階でも、香港政府は北京のほうを向いていた。義務教育に「愛国心を育成するカリキュラム」を取り入れて愛国教育を実行しようとした。「愛国教育」といっても、実際には共産党のイデオロギーの強要だ。学生たちは強く反発し、「洗脳教育だ」と訴えて大規模なデモを行ったのだった。結果的に、香港政府はカリキュラムを撤回する事態となった。

それにもかかわらず、香港市民の民意を代表する行政長官が北京の意向に従うようになったら、「一国二制度」は事実上崩壊する。それを心底恐れた学生たちは「真の普通選挙」を実現しようとデモに参加したのだった。これに対して警察は、催涙弾や胡椒スプレーを使って市民を攻撃した。市民はまったく非武装だったのに……。

警察側の発表では、一日に使用した催涙弾は八十七発とのことだった。それでもデモの参加者は、ゴーグルやマスク、ポンチョなどで身を護り、両手を挙げて平和的なデモを継続した。

「一国二制度」を形骸化した「逃亡犯条例改正」

香港の民主化デモを振り返ると、二〇〇三（平成十五）年に「国家安全条例案」に反対し、五十万人が参加したことがあった。これは中国で起こった民主化デモとしては、一九八九（昭和六十四）年の天安門事件の百万人デモに次ぐ規模だった。

当時、温家宝首相は「返還六周年」の記念パーティーの席上で「一国二制度」を徹底すると表明、「法に基づく香港市民の権利や自由の享受を保障し、香港の繁栄、安定、発展を共に守り促進していく」と述べていた。

しかし、現実は「共産党の支配する香港」へ向けて、加速度的に変革されてゆく。中国共産党の支配する香港に「自由」はない。そんな香港へと変化してゆくことに、若者は危機感を抱いた。その引き金となったのが「逃亡犯条例改正」だった。

二〇一九（令和元）年六月十二日の産経新聞は「『逃亡犯条例』改正案とは　『一国二制度』事実上崩壊の懸念」と題して、香港で反対運動が激化している背景を、Q＆A方式で解説した。

Q　反対運動が起きているのはなぜか

A　香港は一九九七年の中国返還後も「一国二制度」で高度な自治が五〇年間認められているのに、条例改正により同制度が事実上崩壊すると反対派は懸念している。香港政府は引き渡し対象となる犯罪を限定するなどしているものの、実質的に香港市民も中国当局の取り締まり対象になる恐れがあるためだ。香港の根幹をなす「一国二制度」が揺らぐことで、世界の経済・金融センターとしての地位低下も心配されている。

香港の「一国二制度」が揺らぐことの最大の問題は、「世界の金融センターとしての地位低下」などではない。民主主義の根幹である言論の自由、表現の自由、報道の自由など、あらゆる「自由の権利」が脅かされることにある。香港の人々は、自分たちの権利を主張することすら「自由」には、できなくなるだろう。なぜか。それは、共産党に従わないならば、逮捕・監禁されてしまうからだ。不当な裁判で処刑されるかもしれない。それは、恐怖政治そのものである。

二〇一九年三月から始まったデモは、「逃亡犯条例改正案の完全撤回」「普通選挙の実現」などを含む「五大要求」の達成を目的とした「民主化デモ」だった。六月十六日のデモには最大で二百万人が集まったというから、それまでの中国における「民主化デモ」では、最大のものとなった。このデモが、急拡大した背景にはSNSが活用されたことなどがある。そして九月以降のデモは過激になり、暴力がエスカレートした。

九月一日には、デモ隊が、香港国際空港のターミナルを包囲、出入口にはバリケードがつくられた。空港に通じる道路や線路も破壊され、駅では消化栓からの放水被害もあった。

これにより行政長官は、「逃亡犯条例改正案」の完全撤回を正式表明したが、五つの要求のうちの他の四つには応じないという姿勢は崩さなかった。

「民主化デモ」の影響は台湾に

香港でのデモは、武漢でコロナウイルスが広まるまで過激度を増していった。十月一日の国慶節には抗議活動が香港全土に広がり、政府の施設や地下鉄などの交通機関、また親中派の商店などが襲撃され、破壊された。

これに対し香港政庁は、デモ隊にマスク着用を禁じる「覆面禁止法」を制定、また戒厳令さながらの「緊急状況規則条例」を発動した。

十一月には、香港科技大学の男子学生が死亡、それを受けて香港各地で抗議活動が行われた。その最中、警官がデモの参加者に実弾を発砲し負傷者が出る事態が相次いだ。

香港中文大学に警察隊が強行突入し、催涙弾や放水車を使って学生を多数拘束したこともあった。学生たちも火炎瓶や弓矢で応戦し、戦闘のような様相となった。

十一月十六日には人民解放軍の香港駐留部隊が駐屯地の外に出動したが、これは香港政庁の要請ではなく、自主的に道路に散乱したレンガなどを撤去する「清掃活動」だった。

しかしデモ隊に緊張が走った。

香港での抗議活動は、十二月のクリスマスの時期から、さらに二〇二〇（令和二）年の元旦、そして一月末まで継続的に行われていたが、そんな折に新型コロナウイルスが武漢で発生した。

しかし、覚悟して立ち上がった香港の人々の動きは、コロナウイルスの脅威にも止まることはなかった。そして、香港の「自由」を求める民衆のエネルギーは台湾に飛び火した。

二〇二〇（令和二）年一月十一日、台湾総統選挙で、蔡英文女史が見事に台湾総統に再選された。香港の状況は、台湾にとっても「対岸の火事」では済まされなかったのである。

この状況を、日本共産党の「しんぶん赤旗」は次のように報じていた。

〈台湾総統に蔡氏再選　香港デモ受け史上最多得票

11日に投開票された台湾総統選挙で、現職の蔡《さい》英文総統（民進党）が、８１７万票の総統選史上最多得票で再選されました。同時に行われた立法院委員（定数１１３）選でも、与党・民進党が過半数の61議席を確保しました。投票率は74・９％で、前回２０１６年から8ポイント上がりました。

選挙戦では、香港の反政府デモの影響を受け、中国政府への反発が若者を中心に巻き起こりました。中国大陸に対し強い姿勢を見せ、「台湾の主権と自由、民主主義を守ろう」と訴えた蔡氏に支持が集まりました。

蔡氏は11日夜、台北市内で記者会見し、「選挙結果が示したものは『一国二制度』の拒絶だ」と述べ、中国政府が打ち出した「一国二制度」による中台統一を改めて否定しました。支持者に向けた演説では、中国政府に対し、「台湾人民の選択を直視すべきだ。両岸（中台）双方は、台湾海峡の平和と安定に努力する責任がある」と述べ、台湾への軍事的挑発をやめるよう呼び掛けました。

中台関係改善による経済発展を訴えた最大野党・国民党の韓国瑜《こくゆ》・高雄市長は552万票にとどまりました。

民進党寄りの台湾紙・自由時報は12日付の論評で、「台湾は、（中国の）習近平政権に明確に『ノー』と言った」「中国共産党が最大の敗者だ」と断じました〉

（『赤旗』2020年1月13日付）

いま、中共がアメリカと覇権を争うような軍事大国にもなりつつある。経済的には、既に日本を追い抜いて、「世界第二位」の地位を現実に手に入れた。世界一の大国で自由主義陣営の雄と言ってもいいアメリカと、共産党が支配し自由のない「中華帝国」とが、まぁ

「天使と悪魔の戦い」とまでは形容しないにしても、雌雄を決するような局面が、徐々に迫りつつある。これまでとは、まったく違う時代に、アジアは入ったと言えよう。

そんな中、私の問題意識は、「共産党支配のアジア」が現実化するのを、日本人は傍観していていいのかという点にある。

コロナ禍でも戦う香港の若者たち

二〇二〇年二月、香港では、医療従事者がストライキを行った。中国との境界の封鎖を求めたのだ。二月二十八日には、蘋果日報《リンゴ》創業者の黎智英《ジミー・ライ》氏ら民主派の運動推進者が逮捕された。無許可の大規模デモや集会に、違法に参加したことが理由とされた。これに対して、デモ隊も過激度を増した。道路に障害物を置いたり、放火を各地で繰り返したりした。三月二十七日、北京政府は二十九日から「公共の場所に五人以上が集まる」ことを禁止した。新型コロナウイルスの拡散防止が表立った理由だった。

しかし四月に入ると、香港基本法に違反するとされた「覆面禁止法」を一部合憲とした。マスクを着用するのが違法とは、コロナの感染防止と明らかに逆行している。他方で、「緊急状況規則条例」は、コロナの緊急事態という状況が一方にあるため合憲となった。法の制定も矛盾だらけだ。

四月十八日には、民主派の一斉検挙が行われた。民主化運動を推進する香港公開大学社会学科の学生で、「学民思潮」のリーダー黄之鋒《こうしほう》氏（英語名はジョシュア・ウォン）は、「世界がコロナウイルスとの戦いに集中する最中、中国は香港民主化運動への弾圧を進めている」と訴えた。彼は、二〇一〇（平成二十二）年十月に香港教育局が道徳・国民教育の新たなカリキュラムとして「徳育」と「国民教育」を小中学校に導入する案を発表した際、「カリキュラムの教材が共産党と北京政府のナショナリズムを称賛する一方で、共和主義や民主主義を批判している洗脳である」と警鐘を鳴らし、国民教育反対運動を展開した人物だった。

香港を殺した「国家安全法」

同年五月には、香港政府の「集会禁止」措置で中断していた抗議活動が再び始まった。理由は、「国歌条例案」審議が再開されたからだった。さらに、全人代で中共の法律「国家安全法」を香港にも適用が審議されるという複数の報道があった。

もし香港に「国家安全法」が適用されれば、それは「香港の死」そのものだ。香港の自由は完全に失われ、共産党支配の「香港」が誕生する。それは、イギリス統治下の香港でも、「一国二制度」下の香港でもない。

これに対し、新型コロナ感染の恐れもある中、数千人がデモに参加し、「国家安全法」への抗議活動を行った。一部には商店のガラスを割るなどの破壊行為があり、香港警察は催涙弾発射、放水などを行い、百八十人以上が逮捕された。

五月二十八日、全人代は香港に「国家安全法」を導入する採決を行った。結果は、賛成二千八百七十八票、反対一票、棄権六票と、限りなく全会一致に近い「賛成多数」だった。

全人代で香港への「国家安全法」導入が決定すると、アメリカ、イギリス、オーストラリア、カナダは「共同声明」で、「国際的な義務に直接抵触する」と、同時に表明した。

トランプ大統領は「香港にはもはや十分な自治はなく、私たちが提供してきた特別な扱いに値しない。中共は『一国二制度』を『一国一制度』に置き換えた」と批判した。

イギリスのラープ外相は、香港がイギリスの植民地だった時代に、香港人に対して発行した『英国海外市民旅券』の保持者に対して、将来的にイギリスの市民権を与える可能性を示唆。日本は、「全人代での香港に関する議決に関して、香港の情勢を深く憂慮し、一国二制度の下に自由で開かれた体制が維持されるべきだ」と、外務省報道官談話を発表した。

香港の世論調査では、香港立法会を通さずに中共が立法することに対し、六十四パーセントが反対だった。この数字は、微妙な背景を彷彿とさせる。仮に「反対」以外を「賛成」と考えるなら、三十五パーセントが賛成だったことになる。中共の「仕打ち」を恐れて「賛成」と回答したのか、それとも「長いモノには巻かれろ」式の打算があるのか。その辺りは、もう少し立ち入ったリサーチが必要だろう。

行政長官がアメリカを「ダブル・スタンダード」と批判

六月二日、アメリカで白人警察官が、拘束した黒人男性を死亡させる事件が起きた。アメリカでは、「人種差別」への抗議デモや暴動が起き、警察との衝突もあった。

香港の林鄭月娥行政長官は、これまで海外で発信された「国家安全法」に関わる批判に対して「ダブル・スタンダード」だと批判した。

アメリカのポンペオ国務長官は、「中共の共産党体制が、悲劇的な死を悪用し、人間の基本的尊厳を踏みにじる自らの権威主義的な行為を正当化しようとしている。笑止千万なプロパガンダには、誰もだまされない」と喝破した。

六月十八日には、日本をはじめ、アメリカ、イギリス、フランス、ドイツ、イタリアの外務大臣及びＥＵの上級代表が、「国家安全法を制定するとの中共の決定に関し、重大な懸念を強調する。『一国二制度』の原則や香港の高度な自治を深刻に損なうおそれがある」との共同声明を発表した。そんな世界の自由主義陣営の懸念や、香港市民の反対の中で、「香港国家安全維持法」は、香港時間の六月三十日午後十一時に施行された。

台湾の蔡英文総統は、「五十年は変わらないという香港への約束を、中共が履行できなかったことに非常に失望している」と述べた。

この時、官房長官だった菅義偉氏は、記者会見で「国際社会や香港市民の強い懸念にもかかわらず、制定されたことは遺憾だ」と述べている。

七月一日、香港は返還から二十三年目を迎えた。香港政庁は、民主派の集会を、コロナ感染対策を理由に禁止したが、千人ほどの市民がデモを決行した。香港警察は「国家安全維持法に基づき逮捕する可能性がある」と書かれた旗を警告のために掲げ、放水車でデモ隊を排除、三百七十人が逮捕された。その時、「香港独立」と書かれた旗を所持していた男性は、「国家分裂を企てた容疑」で香港警察に逮捕され、「香港国家安全維持法」が適用された最初のケースとなった。

「自由」を訴えた活動家らを逮捕

二〇二〇年八月十日、香港の「自由」を訴えて活動をしていた周庭《アグネス・チョウ》氏、民主派メディア『蘋果日報《リンゴ》』や『ネクスト・デジタル』の創業者・黎智英《ジミー・ライ》氏らが、「香港国家安全維持法」に違反した容疑で逮捕された。周庭氏は翌日釈放されたが、パスポートなどを没収された。

八月十二日、日本では自民党をはじめ立憲、維新、国民など超党派議連は、「香港当局が市民や報道機関に圧力をかけ、思想や報道の自由、基本的人権を蹂躙する行為は許されるものではない」と、中共や香港政庁に強く抗議した。

逮捕された周庭氏は、その後釈放されメディアの取材に応じた。九月一日付の日本経済新聞電子版は次のように報じている。

〈【香港支局】香港国家安全維持法違反の疑いで逮捕保釈された民主活動家の周庭（アグネス・チョウ）氏は1日、香港警察に出頭し、聴取を受けた。聴取後に記者団に「8月に逮捕された時に証拠の一つとして2019年に日本経済新聞に載せた香港民主化運動に関する広告を見せられた」と話した。「もし日経への広告が証拠となるのならばかげている」とも語った。

香港紙・明報などの報道によれば、香港警察は日本経済新聞社の香港現地法人を訪問したとされる件について「裁判所が出した資料提出命令を8月に執行した。捜索はしておらず（命令に）取材関係の資料は含まれていない」と回答している。日経広報室は「法的な理由でコメントを差し控える」としている。

周氏は8月10日に香港国家安全維持法違反の容疑で逮捕された。1日、保釈の条件として警察署に出頭した。

香港の民主派は19年8月に日経や米ニューヨーク・タイムズ、仏ルモンド、独フランクフルター・アルゲマイネなどに意見広告を掲載した〉

周庭は、「日本経済新聞に意見広告が掲載されたのは、香港国家安全維持法ができる前だった」と語っている。そうであれば、逮捕は法の原則にまったく反していることになる。

これは、私が極東国際軍事法廷、いわゆる「東京裁判」が無効であると、これまで訴えてきたことと同様だ。事後法である。法律は、時間を遡って法律ができる以前の行為を裁くことができない。「法の不遡及」である。

もし日本経済新聞をはじめ、世界各国の有力紙に掲載された意見広告が、その内容の如何に関わらず、香港国家安全維持法ができる以前に掲載されていたのであれば、それを逮捕の根拠とすることはできるはずがない。もはや香港では、そんな当たり前のことも通用しないのである。

第四章

台湾は中国の一部ではない！

台湾は共産党の支配下だったことはない

台湾の民主化を実現し、総選挙によって総統となった李登輝氏（国民党）が、二〇二〇（令和二）年七月三十日に逝去した。「哲人政治家」とも呼ばれ、凛とした姿で、自らの思想・政治哲学を貫いた。それと同時に、『ひとつの中国』を主張する中共を相手に「現状維持」という姿勢を貫き、類まれな政治力を発揮してみせた。

言うまでもないが、台湾は中共の一部ではない。古くは『三国志』や『隋書』などに「流求」の記述があるが、琉球（沖縄）をさすとも、台湾をさすともいわれ、定かではない。

また、発掘された遺跡の調査結果によると、シナの「黄河文明」などは「海洋民族」が大河の河口から陸地に上がり定住するようになって築いたものだという仮説もあるし、人種的にみると、台湾人はオーストロネシア語族（南島語族）に分類される。

その台湾が世界的に知られるようになったのは、大航海時代に、戦略的に重要拠点となる台湾島をスペインやオランダが占領し、領有したからだ。十七世紀の台湾島における列強の版図は、北がスペイン領、南がオランダ領となっている。台湾は「Ilha Formosa《麗しの島》」と呼ばれ、「フォルモサ」という表現は今日も使われている。

シナとの関係をめぐっては、清朝（満洲族の王朝）の時代に明確な記録がある。台湾は、シナの清王朝にとっては「化外の地」であり、台湾人は「化外の民」だった。それはつまり、「シナの皇帝の支配する版図でもなく、また皇帝の民でもない」という宣言だった。それでも大陸から台湾へ流れる漢民族もいたが、清朝は自国民が台湾に定住することを抑制する目的で女性の渡航を禁止したほどだった。

アヘン戦争が起きたのは一八四〇（天保十一）年だが、台湾と西欧列強の関係で言うと、清国は「アロー戦争」でイギリスとフランスの同盟軍に敗れ、一八八五（明治十八）年に天津条約を締結した。それにより、イギリスの領事館や商社が台湾に進出している。また、日本との関係でいえば、一八七一（明治三）年に宮古島の船が台湾近海で遭難、船員が台湾に上陸し、山中をさまよった後に五十四名が台湾の原住民に殺害された。日本政府は清朝に抗議したが、「化外の民」との返事があった。そこで一八七四（明治七）年に日本は台湾に出兵した。

こうして西欧列強や日本が台湾に進出し、その戦略的重要性を知った清朝は、知事にあたる巡撫《じゅんぶ》を派遣、一八八五（明治十八）年から一八九五（明治二十八）年までは「台湾省」を設置した。

しかし、一八九四（明治二十七）年の日清戦争で清国は日本に敗北。翌年四月十七日、台湾は下関条約に基づき、遼東半島などと共に、清国から日本に「割譲」され、その後は、日本統治下で台湾総督府が置かれた。中共は台湾を、まるで自国の領土、自国の一部であるかのように傲慢な主張をしているが、それはいかに史実を捻じ曲げた主張であるか、ということだ。中共が台湾を統治したことは一度もないのだ。

蔣介石の中華民国・国民党政府と台湾

アメリカ軍と戦った太平洋戦域では本土空襲もあって壊滅的な打撃を受けた日本軍だったが、シナでの戦況は違っていた。勝っていたのは連合国よりもむしろ日本軍だった。

しかし、大東亜戦争終結のご聖断は下った。一九四五（昭和二十）年十月十七日には、日本軍の武装解除のために、中華民国・国民党政府（南京政府）の蔣介石が兵士約一万二千、官吏二百を引き連れて、乗船していた米軍の艦船から台湾に上陸。十月二十五日、日本軍の降伏式典と日本からの解放を祝う「光復」式典を行った。国民政府は、台湾を中華民国の領土に編入し、台湾行政公所を設置した。

中華民国軍が台湾に来てから、台湾の治安は一気に悪化し、婦女暴行、強盗などが頻発した。また新しく台湾に来た「外省人《がいしょうじん》」が行政を独占し、軍の腐敗も酷かった。

これに台湾人（本省人《ほんしょうじん》）が怒りを爆発させ、一九四七（昭和二十二）年二月二十八日には台北市で「二・二八事件」が勃発、台湾全土に広がり、多くの台湾人が虐殺された。

この時、蔣介石は本省人を徹底的に弾圧して「恐怖政治」を行った。中華民国・国民党政府の外省人が、政治、経済、教育、マスコミを独占し、台湾を支配したのだ。

その後、一九四九（昭和二十四）年には、蔣介石の国民党政府は、毛沢東の共産党との「国共内戦」に敗北し、蔣介石は国民党政府の役人や軍を引き連れて台湾に逃れてきた。

台湾の帰属については、日本が締結した「サンフランシスコ講和条約」にも「日華平和条約」にも、日本が台湾の領有権を放棄したことは記されているが、中華民国政府に台湾を割譲したことは明記されていない。

つまり、台湾は中華民国によって「占領」されているだけだという解釈も存在している。いずれにしても今日に至るまで、一九四九（昭和二十四）年に発足した「中華人民共和国」に台湾が帰属したなどということは、一度もないのだ。

『ひとつの中国《ワン・チャイナ》』の禍《わざわい》――台湾と日本の国交断絶

私は、田中角栄邸は何度も訪れ、角さんとも角さんのお母さんとも親しかった。

首相となった田中角栄が訪中し、周恩来首相と会い「日中共同声明」（日本国政府と中華人民共和国政府の共同声明）に調印したのは、三島由紀夫が自決して二年後の一九七二（昭和四十七）年九月二十九日のことだった。

これによって「日中国交正常化」が実現し、翌月には「ランラン」と「カンカン」という二頭のパンダが、上野動物園に送られた。

私は、パンダはシナの山の中に住んでいる動物かと思っていたが、後に知人のペマ・ギャルポ氏より、パンダはチベットの動物であるということを聞いた。しかも、この上野動物園へ送られたパンダは、寄贈ではなく年間一億円のレンタルだと知って憤慨した。

日本は、この「日中国交正常化」によって、中華民国との国交を断絶した。共産党が支配する「中華人民共和国」と国交を樹立したこととの、いわばバーターだった。

共産党の北京政府（「中華人民共和国政府」）と、内戦に敗れて台湾に逃れた蔣介石の中華民国政府は、それぞれが「唯一の正当な政府」と主張し、共産党の北京政府は「ひとつの中国」という主張を貫いた。

北京の「新政府（共産党政権）」は、「旧政府（台湾の中華民国政府）」との外交関係を断絶した国とのみ国交を樹立すると宣言、これによって一九七一（昭和四十六）年に中華民国（台湾）政府は、国連加盟国から排除され、北京政府が国連加盟国として代表権を与えられた。

北京政府は、一九七二年の日本に続き、一九七九（昭和五十四）年にはアメリカとも国交を樹立し、国際舞台での存在感を強めてゆくようになる。

一方、台湾では「独立派」の運動がはじまり、国連に対して、台湾もひとつの「加盟国」として認めるように活動をしたが、北京政府は「国家分裂」を目論む陰謀であると主張し、台湾の独立は武力によって阻止するという姿勢を見せた。

しかし、そもそも台湾は共産党が北京につくった「中華人民共和国」とは、まったく別な存在で、その一部などではない。

ただ、「ひとつの中国」という妄言を北京政府が主張した時に、それに各国が賛同してしまった。その時、日本も台湾（中華民国）と国交を断絶した。「愚かな過去」である。

そしてその後、「ひとつの中国」を主張する北京の共産党政府は、台湾総統となった李登輝氏についても、「ダライ・ラマと同様にテロリスト」に認定。北京政府と国交を樹立した日本政府は、訪日を希望する李登輝氏に、長年にわたってビザの発給すら許可しなかったのである。

軍事衝突した中共と台湾

北京の共産党政権は、これまで度々、武力によって台湾を恫喝してきた。一連の「台湾海峡危機」はよく知られている。

一九五四（昭和二十九）年には、「第一次台湾海峡危機」が起こった。

国共内戦に敗れた蔣介石の中華民国国民政府は台湾に逃れた。それでも大陸内の山岳地帯、東南沿岸部や島嶼部では、対中共軍の戦闘が続いていた。しかし、次第に中華民国軍は劣勢となり、共産党軍（人民解放軍）に海南島を奪われ、支配するのは福建省と浙江省沿岸の金門島、大陳島、江山島と台湾を残すのみになった。

ソ連の武器援助で軍事力を増強した中共軍は、同年五月、大陳島、江山島などを占領して、砲兵陣地や魚雷艇基地を建設し、金門島への砲撃を行った。

十一月には、中共軍の魚雷艇が江山島の中華民国海軍の護衛駆逐艦を撃沈し制海権を握った。

そして一九五五（昭和三十）年一月十八日、中共軍の陸海空軍が江山島を攻撃して占領、中華民国軍の指揮官は手榴弾で自決した。さらに二月初旬には、中華民国軍はもはや大陳島の防衛は困難と判断、米軍との共同作戦によって島から撤退した。これが第一次台湾海峡危機のあらましだ。

「第二次台湾海峡危機」が勃発したのは、それから三年ほど後の一九五八（昭和三十三）年のことだった。

同年八月二十三日、中共軍が金門海上封鎖を企て、台湾の金門守備隊を砲撃した。四十四日で五十万発という大規模な砲撃に、アメリカのアイゼンハワー大統領は、「中共はまぎれもなく台湾侵略を企図している」として、中共をナチスになぞらえて激しく批判すると同時に台湾支持を表明した。

九月二十二日、中華民国軍はアメリカに提供された八インチ砲で中共軍を砲撃、この反撃で中共軍の金門海上封鎖は失敗に終わった。

中共は、アメリカとの全面戦争を回避したいと考え、「人道的配慮」を理由に、金門・馬祖島の封鎖を解除したのだ。

その後、アメリカのダレス国務長官は台湾を訪問。蔣介石が金門・馬祖島まで撤収することを条件に支援を表明した。これに対し蔣介石は、アメリカ提案を受け入れたものの、大陸への反撃も放棄しないとの意向をアメリカに伝えた。

そして第三次台湾海峡危機

一九九五（平成七）年に「第三次台湾海峡危機」が起こるが、その発端となったのは、台湾海峡を含む台湾周辺海域で、中共が一連のミサイル発射実験を行ったことだった。当時、中共は「台湾の民主化」を推進し、民主的な選挙によって総統に就任した李登輝を「国家分裂を画策するテロリスト」と位置付けていた。「李登輝は、台湾独立の考えを持っており、地域の安定の脅威である」と主張していたが、アメリカのクリントン政府は中共に弱腰だった。

一九九四（平成六）年のことだが、李登輝総統が南米旅行の帰りに乗っていた飛行機がホノルルに立ち寄った。このときクリントン政府は、アメリカのビザ発給を求める李登輝総統の要求を拒否。総統は、ヒッカム空軍基地の飛行機の中で一晩を過ごさなければならなかった。総統は「二流の指導者扱いだ」と、アメリカの対応に抗議した。

また、李登輝総統が母校であるアメリカのコーネル大学の同窓会に招かれた時も問題が発生した。中共の銭其琛《せんきしん》外交部部長に「ひとつの中国」と矛盾すると抗議されると、なんとウォーレン・クリストファー国務長官が李登輝総統にビザを発給しないことを確約したのだ。

　これに対し、アメリカの下院でも上院でも、「李登輝総統がアメリカ合衆国を訪問できるよう求める決議」を可決した。この議会決議で米国務省は態度を軟化させたが、中共は「米中関係を損なう」とアメリカを非難したのだった。

　そんな緊張関係の中、中共は、一九九五年七月二十一日から二十六日にかけて、中華民国領内彭佳嶼《ほうかしょ》の北六十キロの地域で弾道ミサイル実験を実施。また、李登輝総統の台湾海峡をめぐる政策を非難する多数の論評が新華社通信や人民日報から発せられた。

　さらに八月十五日から二十五日には、実弾を伴うミサイル発射が行われ、さらに十一月には、広域での陸海軍事演習が行われた。

　これに対して、一九九六（平成八）年三月八日、クリントン大統領は、ベトナム戦争以降で最大級の軍事力によって中共に対抗した。太平洋艦隊の空母ニミッツを中心とした航空母艦群と、横須賀を母港としていた空母インディペンデンスを中心とした第五航空母艦群を、台湾海峡に配備すると発表したのだ。

　同年三月八日から十五日にかけ、中共は基隆《キールン》市と高雄《たかお》市の港から四十キロから六十キロの海域にミサイルを撃ち込んだ。三月二十三日の中華民国「総統選挙」で李登輝に投票することは戦争を意味するというメッセージだった。

さらに中共政府は三月十五日に、三月十八日から二十五日の模擬戦闘計画を発表した。これで一気に緊張感が高まった

その模擬戦闘計画は、事実上は中共による「海峡封鎖計画」だった。だが、中共の人民解放軍は圧倒的な軍事力を以《もっ》て展開したアメリカ海軍の前に何もできず、ミサイル実験海域の外側に留まったままに終わった。

この第三次台湾海峡危機は重要なことを教えている。私は「ペンは剣より強し」との信念を持っているし、話し合いによる決着、あるいは外交の力への希望もある。しかし、現実的には、相手が実力部隊の力をもって迫ってくる時に効果的にその力に対処できるのは、やはり実力部隊の力である。その意味において、私は「国家には軍隊が必要不可欠だ」と思っているのだ。

再び高まる台湾海峡での米中対決

中共の問題は、自国の領土でも何でもない台湾を「ひとつの中国」という概念で自らのものにしようとしていることにある。「ひとつの中国」という虚構に端を発した禍《わざわい》が東アジアに混乱を招いている。台湾は中共の島ではない。

そもそも、一党独裁で「自由」を制限する警察国家、覇権主義の「侵略国家」である中共を認め、自由主義陣営に属する「国家」である台湾を認めないことには、大いなる矛盾がある

中共は、「台湾の独立を認めない」と居丈高に言うが、台湾はそもそも独立している。台湾の李登輝元総統の訴えた「現状維持」とは、そういうことなのだ。

一方、大陸で周辺国を侵略し、版図としてきた共産党の北京政府は、いま、その影響力を海と空へと広げている。明らかな覇権国家であり、侵略国家である。その中共が台湾を奪おうとモーションをかけているのだ。

そんな中共に対して、いま、自由主義陣営の各国が対峙し、その横暴を防ごうとしているが、中共はあくまで「ひとつの中国」を貫こうと、軍事的圧力を急速に高めている。

中共がいま台湾周辺地域での軍事行動をエスカレートさせている背景には、台湾総統選挙で「一国二制度」を認めない蔡英文氏が総統に再選されたこと、アメリカのトランプ大統領が対中共圧力の流れの中で台湾のバックアップを強めたこと、さらには中共が「テロリスト」と呼んだ李登輝元台湾総統の逝去に伴う告別式にアメリカ高官が参列したことなどがある。

中共は「ひとつの中国」をないがしろにすれば、「深刻な事態になる」と、意味深長な姿

勢を示している。そうした緊張の高まりを、参考までに「ニュースクリップ」風に紹介しよう。

中国、台湾海峡で軍事演習、蔡政権を威嚇　日本経済新聞2020年8月13日19：27

【北京=羽田野主】中国共産党の軍隊である人民解放軍の東部戦区は13日、このほど台湾海峡周辺で軍事演習をしたと発表した。台湾周辺での演習は4月以来とみられる。米国と連携を深める台湾の蔡英文《ツァイ・インウエン》政権を威嚇する狙いがありそうだ。

東部戦区は複数の軍種が参加した実戦的な演習だったと強調した。台湾海峡と台湾の南北の空海域も含めた範囲で実施したようだ。台湾メディアは13日午前に解放軍の軍機が台湾西南の空域に入ったと伝えた。

アメリカ政府高官であるアザー厚生長官が台湾を訪問すると、緊張はさらに高まった。中共は台湾周辺で軍事演習を行って威嚇した。

中国軍、台湾周辺で実戦演習　米長官訪台に対抗　産経新聞2020年8月13日19：26

【北京=西見由章】中国人民解放軍の地域別指揮機関「東部戦区」は13日、台湾海峡や台

湾の「南北両端」周辺で実戦演習を相次いで実施したと発表した。演習の時期は「最近」とし、規模や詳細は明らかにしていない。

中国国防省によると、同戦区の張春暉《ちょう・しゅんき》報道官は「一部の大国が台湾独立勢力に著しく誤ったシグナルを出している」と述べ、演習がアザー米厚生長官による9～12日の訪台への対抗措置であることを事実上言明。「戦区の部隊は（今後も）高度な警戒を維持し、あらゆる必要な措置をとる」と威嚇した。中国軍が演習の政治的な目的を公言し、さらなる軍事行動を示唆するのは異例だ。

台湾の国防部（国防省に相当）によると、中国の戦闘機、「殲10」と「殲11」は10日、台湾海峡の中間線を越えて台湾側を飛行した。中国側の「演習」の一環だったとみられる。同日にはアザー氏が台湾の蔡英文総統と会談した。

九月に入ると、台湾周辺では、次々と中共の軍事的挑発行動が見られるようになる。テレビ朝日のインターネット動画サイトの報道を追ってみよう。

中国軍機多数が台湾防空圏に進入　2020年9月10日 23：20

台湾政府は中国軍の戦闘機「スホイ30」などが台湾南西の防空識別圏に多数、進入したと発表しました。台湾メディアは9日と10日の2日間で進入が40回以上あったと伝えています。

中国軍が台湾海峡で軍事演習。アメリカと台湾を牽制　２０２０年9月18日19：17

中国軍は18日、台湾海峡で海空合同の軍事演習を実施したと発表しました。台湾当局も中国軍の戦闘機18機が台湾の空域に侵入し、台湾軍がスクランブルをかけたと明らかにしました。中国はアメリカのクラック国務次官が李登輝元総統の告別式で台湾を訪問して蔡英文総統とも面会することに反発していて、アメリカと台湾に「結託して何度も問題を引き起こしている」「破滅への道だ」と警告しています。

中国軍〝敵基地攻撃〟再現動画を公開　米軍基地酷似　２０２０年9月22日07：29

中国軍は敵の基地への攻撃を再現した動画を公開しました。標的とされた施設がグアムのアメリカ空軍基地に似ているとの指摘も出ています。

中国空軍が公開した動画では、核攻撃能力を有する爆撃機「Ｈ‐６Ｋ」が敵の基地にミサイル攻撃を行い、帰還するまでの様子が映画風の編集で紹介されています。この動画のなかで標的となった施設について、ロイター通信はグアムにあるアメリカ空軍のアンダーセン基地に酷似していると報じました。この指摘に対し、中国外交部は会見で「把握していない」としました。動画の公開について、香港の「サウスチャイナ・モーニング・ポスト」は外国による台湾問題への干渉に対し、警告を与える狙いがあるとしています。

九月二十二日の報道は、中共軍が「敵基地攻撃再現ビデオ」を公開したというものだ。ターゲットはアメリカなのだが、どうやら映像はハリウッド映画から無断で借用していたようだ。つまり「パクリ」だ。その辺りは、いかにも中共らしくて苦笑するしかないが、北朝鮮さながらの「恫喝」の仕方は共産党のお家芸なのだろう。

それはさておき、現時点ではこうした緊迫状況が続いている。しかし、この中共の軍事的な恫喝は、アメリカにも日本にも責任の一端はある。日本もアメリカも、「ひとつの中国」という虚構を政治・外交の面で一旦は受け入れた「負の遺産」がある。

繰り返すが、そもそも台湾は中華人民共和国の版図でも一部でもなく、EUのような「共産党連邦」の構成国でも何でもない。日本は、かつては、国交を台湾（中華民国）と持っていた。その日本は、中国共産党の侵略政権と知りつつ、中華人民共和国と国交を結び、そのバーターで、台湾（中華民国）との国交を断絶したのだ。繰り返し言うが、その負の遺産がいま、表面化してきているのである。

台湾と国交を回復せよ

日本もアメリカも、中国共産党一党支配の北京政府の主張である「ひとつの中国」を拒絶すべきだ。そもそも台湾と国交を持っていても、中共と国交を持てないというワケでもない。中共は恫喝しているが、そもそも台湾と中共は別々の国なのである。

それにもかかわらず、北京政府が勝手に「ひとつの中国」と宣言し、北京政府と「国交」を持ちたいなら、台湾（中華民国）との国交は断絶しろと迫ってきた。そして、日本政府も、アメリカ政府も、それを受け入れてしまった。「ひとつの中国」の禍の始まりだった。

いま自由主義陣営の各国に必要なことは、台湾と国交を回復、あるいは樹立することだ。「ひとつの中国」という縛りは、中共が通告しているに過ぎない。脅しの言葉は、「台湾と国交を結ぶなら、その国と中華人民共和国は国交を断絶する」というものだ。その脅しに屈してはならない。中共と決別するぐらいの覚悟を決めるのもひとつの気概だろう。金儲けをプライオリティ（優先）にしてはならない。

さらに言えば、現在の「国連」にも賞味期限がきている。

日本では、国際連合、国連と呼んでいるが、ユナイテッド・ネーションズは第二次世界大戦中に、枢軸国（日本、ドイツ、イタリア）に対して宣戦布告をした国を総称したものだ。最終的には、ドイツもイタリアも降伏し、世界で日本のみを敵国とした国の連合体だった。

中共も台湾も、正しく「連合国」と翻訳している。「国連」というのは、外務省の意訳、いや、意図的な誤訳だ。国際連合などというと、国際社会がひとつになっているような印象が強い。しかし、それは「対日戦争に参戦する国の連合体＝連合国」であったのだ。

その国連の常任理事国は、すなわち第二次世界大戦の戦勝国である。アメリカ、イギリス、フランス、そして旧ソ連と中共だ。はたして、中共やロシアは、常任理事国として相応しいのか。いずれの国も、国家の意思、共産党の意思に反すれば、暗殺もされかねない。民族浄化（大虐殺）も辞さないことは歴史が証明している。

われわれ自由主義陣営の諸国は、そうした圧政を現在進行形で行っている中共とは対峙すべきであり、一方で、自由主義陣営の一員である台湾とは、国交を樹立（あるいは回復）すべきであろう。

中共が常任理事国の国連は、いまだに台湾を、加盟国《メンバー・ステーツ》として認めていない。国連には、事実上の効力はないとは言いつつも、「敵国条項」がいまだ残されている。言わば、国連が、敵とする旧枢軸国の国々である。その国のひとつが日本なのだ。

こうした国連の在り方はまったくおかしい。国連の分担金もしっかりと支払い、最も多くの額（分担金の「額面一位」はアメリカだが、実際は支払っていない）を常に負担してきたのが日本である。本来、国連が国際的な国家の連合であるならば、日本をその「敵国」とすべきでない。むしろ中共よりも日本のような国こそが、その常任理事国であるべきだろう。そして同時に、それが真の意味で国際的な国家の連合体であるならば、中共ではなく、台湾をこそ加盟国にすべきだと思うのだ。

第五章

欧米の「負の歴史」を楯にとる習近平

女王陛下の晩餐会で「負の遺産」を話題にした習近平の本心

五年前の二〇一五（平成二十七）年十月二十七日付『夕刊フジ』のコラムで、私は習近平について言及した。我が祖国イギリスを訪問した共産中国《コミュニスト・チャイナ》の習近平主席は、晩餐会でイギリスとシナの歴史に言及した。

もちろん歴史に言及することは何も問題ではない。ただ、そこには習主席の並々ならぬ思いが込められていた。少し冗長ではあるが、当時、私が寄稿した『夕刊フジ』のコラムを引用させて頂くことで、当時の状況を振り返り、論議を深めたい。

〈中国の習近平国家主席は、英国訪問で〝札束外交〟を展開した。キャメロン英首相は、総額400億ポンド（約7兆4000億円）の契約締結に胸を張ったが、習氏が、女王陛下主催の晩餐会で語った発言を「復讐（Revenge）だ」と受け止めた人物がいる。米ニューヨーク・タイムズや、英フィナンシャル・タイムズの東京支局長を歴任した、英国人ジャーナリスト、ヘンリー・S・ストークス氏が激白した。

◇

習氏は、晩餐会で「中国の茶は英国人の生活に雅趣を添え、英国人が丹精を凝らして英国式の紅茶とした」とスピーチした。私はこのシーンをテレビで見て、「これは復讐だ」と直感した。

英国は19世紀、綿製品をインドに輸出し、インドのアヘンを中国に売り付け、中国（＝清）の茶を英国に輸入する「三角貿易」で莫大な利益を得ていた。中国はアヘンの蔓延で苦しみ、１８４０年6月にアヘン戦争が勃発した。英国はこれに圧勝し、香港を割譲させ、上海など5港を開港させた。以降、中国は半植民地化の道をたどった。

習氏がスピーチに「紅茶」という言葉を入れたのは、わが母国に対する脅迫のようなものだ。大英帝国の「負の遺産」を女王陛下の前で持ち出して、「新中国」と称する中華帝国の皇帝を演じて、英国への復讐開始を淡々と述べたといえる。

「中国は大英帝国に侵略された。今度は、中華帝国が世界に台頭する番だ」というのが、本音だろう。

キャメロン氏が、こうした「悪意」を認識したとは思えない。安全保障に直結する原子力発電所の建設に、共産党独裁国家の企業を参加させることに合意したのだから。人民元建て国債の発行で、一時的に金融街シティーが潤ったとしても、英国の危機は深まったといえる。

ただ、今回の習氏訪英で心強かったことがある。

英国メディアの多くが、経済最優先で中国にすり寄る自国政府に対して、「カネ、カネ、カネだ。モラルはない」「人権問題で極めて憂慮すべき中国と急速に距離を縮めていいのか」「米国の同盟国が、中国の特別な友人になれるのか」などと、大々的な批判を展開したことだ。

どうか、女王陛下にも、英国民にも、目を開いて現実を直視してほしい。「中華帝国」の世界支配を許してはならない〉

「歴史は繰り返す」と言ったのは、古代ギリシアの歴史家ヘロドトスだった。

なぜ、歴史は繰り返すのか。その理由のひとつは、歴史の中に、抑圧された情念が潜んでいるからだ。戦いに敗れた記憶、異民族に土地を奪われた記憶、異民族に支配され弾圧された記憶、そして大虐殺された記憶……そうした記憶は、次の世代、さらには孫子の代まで継承されてゆく。そしてある時、その抑圧された情念が噴出するのだ。

日本を占領した時に、GHQは「忠臣蔵」を禁止した。日本の「仇討ち本懐」という情念を恐れたからだった。特に、広島、長崎に原爆を投下し、日本全国の主要都市を無差別爆撃したアメリカは、日本人による「仇討ち」を回避しなければならなかった。

アメリカによる不当な大虐殺に、日本人が、「仇討ち」の情念を燃え立たせることがないようにと、「忠臣蔵」の上演は禁止された。

イギリスがシナに対して持つ「負の遺産」

我が祖国イギリスは、私が『夕刊フジ』のコラムで論じたように、シナに対して負の歴史を持っている。

「三角貿易」で、イギリスは、シナの茶を輸入する対価として、インドのアヘンをシナに持ち込んだ。シナは、当時は清王朝の時代であったが、簡単に言えば、アヘンの輸入を禁じた清王朝に対して、何癖をつけて戦争を起こしたのがイギリスだった。一八四〇（天保十一）年から二年間に渡って続いた「アヘン戦争」である。

結局「アヘン戦争」はイギリスが勝利し、南京条約によって香港が割譲された。清国にとっては、このうえない不平等条約の締結を余儀なくされたのだった。

実は、翻訳者の藤田裕行氏は拙著『英国人記者が見た連合国戦勝史観の虚妄』の翻訳に入る前に、ジェラルド・ホーン著の『人種戦争――レイス・ウォー――』(Race War: White Supremacy and the Japanese Attack on the British Empire) という本の翻訳に取り掛かっていた。ところが、そこに私の本が入り込み、ベストセラーとなったために、藤田氏は、私の翻訳本を次々と出版することになり、『レイス・ウォー』の翻訳が遅れて出版が数年後となってしまった。しかし幸運にも、『英国人記者が見た連合国戦勝史観の虚妄』が十万部のベストセラーとなったことが追い風となり、『レイス・ウォー』は、戦後七十年という節目の年に、「特別企画」として祥伝社から出版されたのだ。

この『レイス・ウォー』の原書は私も読んで、藤田氏と議論を重ねた。同書のテーマが、「白人至上主義と大英帝国への日本の攻撃（White Supremacy and the Japanese Attack on the British Empire）」だったからだ。それが間接的に『連合国戦勝史観の虚妄』やその後の私の本の内容に大きく影響している。いや、それどころか、「香港」の歴史を通して、日本の在り方を論じる本書の内容にも重層的に関わってくる。

さらには、そうした歴史的な背景を、「我田引水」よろしく、自らの立場に利用しようとしているのが中共の習近平国家主席だ。そして、女王陛下との晩餐会で習近平が述べた発言は、かつて大英帝国が香港を植民地とし、白人至上主義の人種差別を行ってきた「負の歴史」を、二十一世紀に蘇らせた。

これは、いま現在、香港、そして武漢について論じている多くの識者が、鳥瞰できていないか、意識的に排除している観点でもある。その観点を踏まえないと、「自由主義陣営」

の論陣は逆手にとられかねない。

歴史というものは常に重層的にとらえる必要がある。それはイギリス人ジャーナリストの私、そして「大東亜戦争」史観をも持っている私でなければ、なかなか指摘できない観点だろう。

その観点とは、西欧列強のここ五百年の歴史に関わることだ。

われわれ白人は、「白人至上主義」、その「自由」と「平和」と「幸福の追求」のために有色人世界を蹂躙してきた。時には大虐殺をし、徹底した「人種差別」政策を実践してきた。その延長線上にあるのが「自由」であり、「平和」であり、アメリカの独立宣言的に言えば、「幸福の追求」である。さらに言うなら、そうした素晴らしい理想は、白人キリスト教徒に神が与えた、『明白な使命』―マニフェスト・デスティニー―の上に存在しているという、そういう観点である。

香港は自由主義世界に属し、それは一党独裁で、報道の自由も、言論の自由も、自由意志も抑圧、弾圧される共産主義世界とは異なる。だから、香港の自由を、守らなければならないと、そうわれわれは確信し、そのために戦っている。

しかし、西欧列強の―否、大英帝国がかつて推し進めた―元々の自由とは、「白人の自由」であって、「非白人」には自由は与えられていなかったのだ。

そうした過去の歴史には目を瞑って、われわれが「自由主義世界」という概念を持ち出せば、中共から「その自由とは、そもそもどのような自由であったか？」と問い質されることになろう。

だからこそ、われわれの背負う「負の歴史」をも踏まえて主張しないと、習近平の中共による横暴に対する抗議運動も、欧米諸国による対抗措置も、中共側から過去の歴史を蒸し返されて、苦しい立場に追い込まれかねないのだ。

前述した『レイス・ウォー』は、日本が大英帝国と戦った「大東亜戦争《パンアジアン・ウォー》」が、実は白人至上主義と戦う、アジアの雄としての、あるいは有色人種の雄としての、雄々しく勇ましい日本軍の姿を描いていた。だからこそ、著者は、「人種戦争」というタイトルをつけたのだ。『レイス・ウォー』の舞台は、香港で、そこには、いかに大英帝国の統治した香港が、絵に描いたような白人至上主義、人種差別の世界であったかが、膨大な証言や資料によって描かれていた。

あたかも「純血の白人」以外は人でないかのような当時の現実が、日本軍の軍事侵攻で一変したというのだ。白人至上主義の世界がまさに一夜で崩壊し、黄色人種の日本人が、それまで神のように思われていた白人と立場を逆転させてしまった。

『レイス・ウォー』は、大東亜戦争を「人種戦争」と位置づけて論じているが、そのことよりも、私は祖国である大英帝国がいかに過酷な人種差別を香港で行っていたかに、胸が痛くなった。

「白人以外は人にあらず」——人種差別下の香港

『レイス・ウォー』は、ノースカロライナ大学、ヒューストン大学などで教授を務めたジェラルド・ホーン氏によってまとめられた。様々な証言を元にしているので、中には主観的なものや、間違った認識もあるかもしれない。しかし、大英帝国の香港統治が実に白人至上主義と人種差別によって為されていたことは明白にわかる。当時の香港を理解するために同書から引用しつつ分析しよう。

〈イギリスが香港に触手を伸ばしたのは、アヘン戦争の後の一八四二年だった。一八九八年に、新界を獲得し、守りを固めた。日本軍進攻前の香港の人口は一七〇万人で、一万四〇〇〇人の白人と、七五〇〇人のインド人が住んでいた。裕福だったのは白人で、中国人はアメリカ南部の黒人同様に、人種差別のもとで、絶望的な窮状を強いられていた〉

私は祖国の歴史に誇りを持っている。しかし同時に、大英帝国の偉大な歴史には、光と影があることを、しっかりとわきまえている。だからこそ、自虐に陥ることなしに、その「負の歴史」についても、しっかりと目を開いてとらえていかねばならないと思う。ジャーナリストとしても、その姿勢は一貫しているつもりだ。

大英帝国の統治下にあった頃、香港は「東洋の真珠」と呼ばれた。数百マイル南にあるシンガポールは、当時、大英帝国にとって戦略上最も重要な拠点だった。香港は、中国大陸への入口だったが、そこは同時に、「世界で最も貧富の差がある地」でもあった。

同書には、一般人の証言が多数出てくる。たとえば、ルシアン・ブルネットは、モントリオール生まれのフランス系カナダ人だったが、〈香港の現実には、良心の呵責に苛まれた〉という。そしてその光景は〈ひどく気の滅入るもの〉であり、〈我が目を疑うほどの貧困で、多くの人が靴もはかず、黒く汚れたズボンに帽子を被っていた。女性は男性とまったく同じ労働を課せられていた。中国人は、人間として扱われていなかった〉と述べている。

香港で生まれた宣教師ロバート・ハモンドは、一九三九年に家族とともに生まれ故郷の中国に戻ったが、その光景に愕然とした。とりわけ労夫の姿は目を覆うばかりだった。〈黄色い人たちは、ぼろ布の衣をまとった極貧生活を送っていた。上半身は裸で、ズボンをまくっていた。古い布切れを頭に巻いて、流れ落ちる汗を止めていた〉と語っている。

香港では、ホームレスの中国人が多かった。アルバート・フード少佐は戦前の香港で勤務していたが、〈多くの中国人が住む場所もなく、香港でさえもイグサのマットを抱えて歩き、小道にマットを広げて横たわり、マットを身に巻きつけて一夜を過ごしていた。まるでソーセージを並べたようだった〉と述べている。

過酷を極めたイギリスによる支配

香港でシナ人は、最下層の生活を余儀なくされていたが、その一方で、白人は「上流階級」のような生活を享受していた。その背景にあるのは搾取だった。

香港に移ったイギリス人は、イギリスでは下層階級の人間がほとんどだった。こうした連中は、香港では「上流階級」を気取り、シナ人を「下層階級」の人間か、「類人猿」のごとく扱ったのだ。

『レイス・ウォー』には、前述した以外にも様々な事例が生々しく綴られている。

〈中国人は、イギリス人と階級的な区別をするために残酷に扱われた。当時の評論家は「イギリス人は、自分たちを大物に見せるために、中国人を踏み台にした」と言っている。自分たちを小物と自覚していたのかもしれない。ロンドンの外交官は「イギリスから香港へ渡った多くの者が『三流の輩』だったからだ」と語った〉

〈クィーニー・クーパーは、「私の階級の女子なら、本国では召使いだったでしょうが、香港に住んだ五年間は、まるで女王のようだった」と述懐している。彼らは「三流」階級であることがバレるのを恐れ、不安を中国人にぶつけたのだった。彼らは、上げ底の地位にしがみついていた。

非白人は下層の存在で、まるで塵芥《ごみ》のように扱われていた。ケネス・アンドリューは、一九一二年から三八年まで、香港で警察官を務めたが、「白人は中国人をまるで最下級の動物のように見做した。私は白人が人力車の車夫に触れることを恐れ、車上から料金を地面に放り投げるのを目にした」と振り返った〉

シナ人に対する暴行は日常茶飯事で、その詳細は外交記録として残されている。白人の暴力でシナ人が死んでも処罰されなかった。

〈イギリスの上海領事は、「イギリス人が中国人に対して殺人を犯した場合、有罪判決が

出ることは決してない」と発言した〉

一九二一年というと、いまから百年前のことだが、上海のイギリス人警察官が「中国人は動物だから、そのように扱うべきだ」と発言したことがあったという。この警察官は、中国人を「黄色い豚」と呼び、「無価値で、黄色い皮の卑しい奴」と見做していたという。

〈香港で軍に勤務したジョン・サットクリフ・ホワイトヘッドは、「軍人が常に武装していたのは、奴らが盗みか何かをしていたら、『待て』と連呼して空に一発撃つ。奴らが止まらなければ、相手を撃って、警官がその死体をかたづける。そこに躊躇はなかった。イギリスの軍人、警察官、裁判官、陪審員の別を問わず、当時の正義はそうしたものだった」と振り返る〉

百年前までは、「常識」がまったく違った。「人種平等」など、有色人種に認めるような良識はまったくなかったのだ。

〈中国人男性は、アメリカ南部の黒人同様に、年齢におかまいなく「ボーイ」と呼ばれ、ささいな過ちでも叩かれた。戦前香港に駐在したジャーナリストのエミリー・ハーンは、サンフランシスコを訪れたイギリス人が、道を歩いていた中国人の「ボーイ」が道を譲らないことに、「文明国で、なぜ、この畜生を怒鳴りつけなきゃならないんだ」と、激怒していたと語る〉

〈イギリス植民地支配時代の桂冠詩人（英国で王室が最高の詩人に与える称号）ルドヤード・キップリングの「私はもともと中国人が嫌いだったが、奴らが溢れている通りでは、窒息しそうになって、嫌悪感が倍増した」との発言は象徴的だ。彼は精神錯乱したか、狂乱したか、「私は文明人であるアイルランド出身のヨーロッパ人たちが、なぜアメリカで中国人を殺すのか、やっとわかった。中国人を殺すのは当然で、地上から広東省を抹殺し、砲撃から逃れる奴らを、全員抹殺するのが正しい。中国人は存在価値がない」とまで語っている〉

居住地から教育まで徹底した人種差別政策

そもそも香港では、香港島の山頂「ピーク」を頂点に、身分の序列によって居住地まで区別されていた。居住区についても人種差別が原則だった。

〈中国人は細く曲がりくねって、薄灯りしかない迷路に囲まれた兎小屋《うさぎ》のような家に住んでいた。一八九九年には九龍に「ヨーロッパ人特区」が設置された。当時の南アフリカでよく使われたような表現だが、「ロビンソン通りとカーナヴォン通りの間の低層地帯は、ヨーロッパ人居住者には適さず、先住民の居住に適す」などと指定された。一九一九年には「クレネアリィ東側の中層地が、ヨーロッパ人居住区として提案」された。このような人種隔離政策は、多くのヨーロッパ人の圧倒的支持を受けた〉

〈（ピークには、シナ人では）大富豪のホー・タン一族だけが、人種差別の呪縛の唯一の例外だった。ピークでは、夏の酷暑と、ビャクダン、シナモン、黄麻や小便やタールが混じった悪臭を避けることができた。裕福な日本人は、ピークを脅かすことがない距離を保ったマクドネル通りあたりまで、住むことができた。その外のマクドネル通りからメイ通りまでが中間地帯で、その上のほうにポルトガル人、ユダヤ人、アメリカ人、パルシー教徒が住み、その下のほうにニッポニーズ（日本人）が住んでいた。中国人は、ピークの麓《ふもと》にある、暗く汚いネズミの住処《すみか》でもある安アパートに住んでいた〉

教育や交通機関についても、人種差別は明白な基準であった。

〈九龍《カオルーン》スクール、ヴィクトリア・スクールといった有名校は、ヨーロッパ人子弟しか入学できなかった。セントラル・ブリティッシュ・スクールは、その名が示す通り、イギリスの子弟のみの学校で、ユーラシア人と中国人は、キリスト教の男子校か女子高に通った。中国人には、クイーンズ・アンド・キングズ・カレッジという専門学校があった〉

〈香港大学は植民地主義者によって経営され、中国人の入学は制限されていたし、大学を卒業しても、厳しい差別を受けた。

一九四〇年に学生だったマン・ワア・レン・ベントレーは、「講義や、個別指導を担当する大学の教員は、ほとんどがイギリス人で、生徒の学力や知性の向上にはまったく関心を払わず、まるで無関係の人間を扱う様子だった。教授は批判や反論を奨励しなかった。香港大学は政治を論じたり、政治クラブの結成をしたりすることを認めなかった。それでも、香港大学は知的に非の打ちどころのない卒業生を輩出したが、人種だけの理由で、文盲のカナダ人のほうが社会経済的に上の階層に上ることができた」と述べた〉

〈旅行者は人種によって分けられ、上陸の方法も区別されていた。切符も違った会社が販売した。ヨーロッパ人は特別扱いされ、洋食が供された。中国人向けの客室では、丸テーブルに中華料理だった。中国人旅客が食事をしたり、寝たり、用を足す極悪な状況については、まったく関心が払われなかった〉

〈上海へ旅する乗客を乗せる船が着くと、外国人旅行客を上陸させるためにモーターボートが出迎えるかたわら、中国人は平底の小船《サンパン》に乗るために、労夫に法外な渡銭を渡さなければならなかった。九龍から香港島へ渡るスター・フェリーも、最初の五十年、中国人は一等客室に乗れなかったし、外国人も二等客室に乗ることを、許されなかった。

香港の交通機関でも、同じような差別が行われていた。イギリス兵のジョン・サットクリフ・ホワイトヘッドは、一九三八年に香港を訪れ、二階建て市電での差別に驚いた。案内されたトップ・デッキは外国人のためで、労夫はボトムデッキ（下階）に乗せられた。故郷では炭鉱夫の家の出身だったが、香港では中国人の富豪と同格だった〉

十九世紀には、シナ人は夜間通行証の所持が義務付けられていた。これは人種隔離政策（アパルトヘイト）の下の南アフリカと同じだ。さらに中国人社会には飢餓と病気が蔓延し、コレラ、天然痘、結核、脚気の患者が溢れていた。

このようにシナ人を劣悪な状況に追い込んだ白人至上主義、そして人種差別を行いながら、当の白人たちは、特権を謳歌していたのだ。

香港について、イギリスやアメリカなど、かつての白人列強が言及する場合、第二次世界大戦後の歴史だけをもって「自由」を主張することは、もう少しスパンの長い歴史からすると、「臭い物には蓋」の観が否めない。

だから、そこに触れないで「自由」を主張するのではなく、過去の「負の歴史」をも踏まえて、現在と未来に向けて主張すべきであろう。

過去、現在、未来の三つの時系列に立って、香港の未来と「あるべき姿」を訴えるべきなのだ。特にイギリスに関してはそうであろう。

第六章

アメリカ勃興の「負の歴史」——先住民虐殺と黒人奴隷

アメリカ社会も「負の歴史」の上に成り立っている

アメリカは、いまも世界でナンバーワンの大国である。わずか二百五十年ほど前に建国された国が、世界の頂点に立っている。それは国家の偉業と言わざるを得ない。世界に二百近い国があるが、その「頂点に君臨」することは容易ではない。

しかし、私がここで指摘しなくてはならないのは、そのアメリカの歴史にも光と影があるということだ。

イギリスがその輝かしい歴史の裏に、「負の歴史」を持つように、アメリカもまた、大虐殺と人種差別の歴史の上に国が成立してきた。

イギリスとの関係で語れば、いわゆる「清教徒《ピューリタン》」たちのことがある。イングランド国教会に対し改革を訴える清教徒は、教会内部からの改革を求める長老派と、イングランド国教会から分裂しようとする分離派、そしてその中間の独立派に分かれた。

私は、実はクエーカー教徒だが、クエーカーはバプティスト教会、会衆派などと共にイングランド国教会から分裂した。彼らは一六二〇年にメイフラワー号に乗り、「新大陸」に渡った。新天地を求めてアメリカ大陸に渡った百二名の船員の、およそ三分の一が分離派の清教徒だった。

アメリカでは、メイフラワー号で新天地に渡った清教徒を「巡礼の父たち」＝ピリグリム・ファーザーズと呼んで崇めている。彼らは「信教の自由の象徴」とされているのだ。アメリカ社会では、「感謝祭」の時に、ピリグリム・ファーザーズのことを子供たちに教える。

メイフラワー号に乗ってマサチューセッツ州プリマスに着いたピリグリム・ファーザーズは、作物を栽培することができなかったが、先住民のワンパノアグ族が食物を分け与え、栽培のことを教えてくれた。それに感謝したピリグリム・ファーザーたちは、収穫が多くなると、ワンパノアグ族を招いて宴を催した。それが感謝祭の始まりだと。

しかし、史実はだいぶ違う。

ピリグリム・ファーザーたちは、疫病を新大陸に持ち込んだ。先住民の多くは免疫を持っていなかったために、彼らの中から大量の死者が出た。さらに、親切に助けてくれたワンパノアグ族の土地を奪い、抵抗した酋長や男たちは皆殺しにし、女や子供は奴隷として売り飛ばした。

さらにその「仇討ち」を後継の酋長が試みると、ワンパノアグ族をほぼ殲滅し、酋長の首を槍の先に刺して掲げ、見せしめとした。これが、実際に起こったことだ。

それ以降、白人入植者による先住民の大虐殺は、西部開拓時代を通して続き、アメリカ大陸を縦断して西海岸までたどり着いた。

「マニフェスト・デスティニー」という負の遺産

新天地で、信仰心の篤い「清教徒」たちは、なぜ先住民の大虐殺を繰り返したのか。そこには、これまで一連の著書でも言及してきた「マニフェスト・デスティニー」の果たした役割がある。「マニフェスト・デスティニー」とは、簡単に言えば、「キリスト教徒は神の国を地上に実現する明白な使命がある」というものだ。

一八七二年に描かれた「アメリカの進歩」という絵がある。女神の右手には書物と電信線が抱えられており、合衆国が西部を「文明化」という名の下に征服しようとする様子を象徴している。背後には一八六九年に開通した大陸横断鉄道も見える。

『連合国戦勝史観の虚妄』でも述べたが、ユダヤ・キリスト教の中には「異教徒は殺せ」という価値判断が流れている。

聖書の民数記（旧約）では、モーゼが神の意志を人々に伝えている。モーゼは、神の命令として「（異教徒の）男はすべて殺せ。男を知る女もすべて殺せ。男を知らない女は、分かち合え」と、そう宣言しているのだ。

これをそのまま純粋に実行すれば、「異教徒の男とその妻や未亡人はすべて殺せ。処女は皆で分け合え」という大変な事態になる。

いまの世界で、まさかそのようなことが行われることはないと、そう信じたい。ただ、一六二〇年以来、アメリカ大陸という新天地で白人が先住民たちに対して実行したことは、聖書でモーゼが命じたことをそのまま実践したかのようであった。

アメリカの発展は黒人奴隷に依存していた

黒人について気の毒に思うのは、「アフロ・アメリカン」と呼ばれる彼らが、アフリカから奴隷船に乗せられて、新大陸に連れて来られたことだ。

つまり、彼らは祖国アフリカの先祖を知らない。一般的な歴史は知ることができても、自分の先祖を遡ることは不可能だ。

その点、日本人はとても幸せな歴史をもっている。天皇というご存在が、「万世一系」の王朝を、二十一世紀の今日まで継承している。そのため、日本人は、神話の時代にまで、その歴史を遡れるのだ。

実際に、天皇家とゆかりがあれば、日本人は、ずっと遡って初代の神武天皇、さらに遡って天照大御神《あまてらすおおみかみ》、もっと遡って天之御中主神《あまのみなかぬしのかみ》にまでも、自分個人の「先祖」をたどってゆけるのだ。私は、『古事記』を読んだ時に、ふっとそう思って愕然とした。

一方で、アフリカから奴隷としてアメリカに連れてこられた黒人の歴史は断絶されている。そこで、一般論として知られている「アフロ・アメリカン」の歴史を、少し振り返ってみたい。

北米大陸で最初の黒人奴隷が誕生したのは、一六一九年にオランダ船「ホワイトライオン」が、イスパニア船と交戦し、六十人ほどの黒人奴隷を略奪したことに由来する。その後、「ホワイトライオン」は、北米東海岸のバージニア（処女地）にたどり着く。当時のバージニアは、用役の労働力を必要としていたので、食料と二十名の奴隷を交換した。彼らが北米大陸で最初の黒人奴隷とされている。

当時の新大陸には、黒人奴隷以外にもヨーロッパの白人囚人が用役のために連れてこられていた。このため用役は、最初は「年季奉公」だったという。つまり一定期間の後には解放され、土地の利用も認められたのだという。

しかし貧富の格差や差別から反乱が起こり始め、黒人を「奉公人」ではなく、純粋な「動産」、つまり牛や馬と同等に扱う「奴隷制度」へと移行した。

さらに西部開拓が進むに連れ、奴隷もどんどん増えて、一七九〇年から一八六〇年の五十年間で百万人の奴隷が西部に移動したとも言われている。

男女の奴隷は、「自己繁殖する労働力」となり、奴隷商人は「最上の働き手」「元気のいい若者」「繁殖用の女」「上等な少女」などと商品価値をアピールして売りに出した。さらなる奴隷貿易の拡大に伴い、奴隷の価格が上昇し、そのことが海岸州の経済復活にもプラスしたというから驚きだ。奴隷市場は、当時、巨大なビジネスとなっていたのだ。

いまの日本では「派遣労働者」も増えている。かつては、終身雇用制が年功序列や、短期利益よりも長期利益を重視した日本式経営の強みであった。ところが昨今は、転職や派遣労働者が流行りとなって、人材ビジネスは巨大化している。

日本の古い言葉には、「人買い」というのがあるが、人を売買して利益を得るビジネスは、日本のみならず、それこそ古代ギリシアの時代から世界各地にあったことだろう。軍隊でさえも傭兵《ようへい》という制度があり、傭兵を扱うブローカーもいた。奴隷商人も、新大陸では経済を潤す正当なビジネスの経営者と見做されていたのだ。

一七〇五年にはバージニアで「奴隷法」が成立している。法制化された奴隷は、概して北部では家庭内の従僕として、南部では農園主やプランテーション所有者によって用役に使われた。

しかし、イギリス（グレートブリテン王国）の植民地では、黒人の反乱を恐れて、奴隷貿易廃止へと動くようになる。イギリスの枢密院は、バージニア植民地の「奴隷法」を拒否したのだ。

イギリスの「十三植民地」の戦い

ここで、新大陸にイギリスが所有した植民地について少し触れておこう。

イギリスの植民地は、アメリカの東海岸沿いに、一六〇七年のバージニアから始まって、一七三二年のジョージアまで、十三の植民地がつくられた。次の通りだ。


ニューイングランド植民地群（後にニューイングランドと総称）
・ニューハンプシャー植民地　・マサチューセッツ植民地
・ロードアイランド植民地　・コネチカット植民地

中部植民地群

・ニューヨーク植民地　・ニュージャージー植民地
・ペンシルベニア植民地　・デラウェア植民地

南部植民地群

・メリーランド植民地　・バージニア植民地
・ノースカロライナ植民地　・サウスカロライナ植民地
・ジョージア植民地

ニューイングランド植民地群は、豊富な水力や木材を使った工業も発展し、「資本家と労働者」の存在も見られた。この地域には清教徒が多く、大規模農業などは行われなかった。ニューヨークなどの中部植民地群では、商業と農業が行われたが、奴隷を使っての大規模プランテーションは行われなかった。

南部植民地群では、大規模なプランテーションが行われ、黒人奴隷が輸入された。保守的なカトリックの勢力圏だった。

アメリカ独立時の星条旗を見ると十三個の星と十三の条（赤と白の横のライン）からなっ

ている。イギリスから独立しアメリカを建国したのは、この十三植民地だった。

その発端はイギリス植民地群とフランスの植民地域「ヌーベルフランス（新フランス＝カナダ）」との戦いだった。

この戦いはイギリス側からは「フレンチ・インディアン戦争」と呼ばれた。フランス側にインディアンの部族の一部が「同盟」を結んでイギリスと戦ったからだが、実際は、イギリス側もインディアンの他の部族と同盟してフランス側と戦っていた。

この戦争は結果的にイギリスが勝利したが、一七六三年には、アパラチア山脈を越えて植民地人が開拓を進めていくことをイギリスが規制したことが発端となって、イギリスは戦争に協力した植民地の人々の怒りを招くこととなった。

「ボストン茶会事件」と対イギリス独立戦争

イギリスは、戦費の支出から生じた財政難を解消するために十三植民地への課税を強化した。当然、植民地は反発した。当時、植民地はイギリス議会に議席代表を有していなかったが、「代表なくして課税なし」と抵抗し、様々な課税法を廃止させた。

そんな中、イギリス議会は「茶法」によって、東インド会社に茶の取引を独占させる法案を制定したが、インディアンに扮した植民地のイギリス人が、ボストンに入港したイギリス船の茶を海に投棄する「ボストン茶会事件」が勃発する。これに対してイギリス政府がボストン港を閉鎖したため、十三植民地は本国と武力衝突。十三植民地は、植民地軍の総司令官にジョージ・ワシントンを選出して、イギリス本国との独立戦争に入った。

「税を負担するのに、その税の分配に関与できない」ということが、イギリス植民地が独立戦争に至った理由だった。イギリス本国は、植民地がそこまでの「謀反」を強行するとは思っていなかったのではなかろうか。

黒人奴隷の反乱は想定内だっただろう。だが、植民地の白人を、奴隷のように使役したわけではない。何をしたかと言えば、植民地に駐留した軍隊の戦費を払わせようとしたこと、増税(「茶税」「印紙税」などの新税を含む)を行っただけだった。イギリスの植民地統治の歴史において、植民地からの収税はいわば当たり前で、植民地からの収奪があってこそ大英帝国の経済は成り立っていた。イギリス本国が潤わない植民地経営などあり得ない。

しかし、新大陸に移住した植民地人は、「自由」という概念を持ち出して、イギリス本国と対峙した。イギリス本国から搾取され、さらに自分たちには発言権も与えられない。そのことに新大陸に移住した植民地の白人たちは怒りを爆発させ、「独立戦争」へと立ち上がったのだった。もしこの時点で、イギリスが植民地と「ウィン・ウィン」の関係を生み出して、そのような植民地統治のあり方に成功していれば、世界の歴史も変わっていただろう。もしかしたら、アメリカ合衆国の独立もなく、いまも大英帝国が地球の四分の一をその版図として保っていたかもしれない。また大東亜戦争も起らなかっただろう。しかし、当時の常識は、植民地からの搾取が本国の繁栄の土台であった。

他方、新大陸での植民地戦争に敗北したフランスは、その後にどうなったか。一七六三年に「パリ条約」がイギリスとの間で結ばれた。この条約により、フランスは北米の全領土を失った。植民地からの搾取により、本国の繁栄が築かれていた点で、フランスもイギリスと同様であった。そのため、新天地の植民地を失ったフランスは行き詰まった。フランス王室にはとても負担しきれないほどの戦費がフランス経済の負担となり、それに起因する財政破綻によって、フランスは一七八九年に「フランス革命」という運命に至るのだ。

植民地からの搾取によって本国の経済が成り立っていたという意味では、イギリスもフランスも同じ穴の狢《むじな》だった。そうした強烈な搾取は、必ず歪みを生み、「因果応報」ではないが、その搾取された人々からの「復讐」を受けることになる。

ゆき過ぎた搾取は必ず反動を生じる。作用と反作用のようなものだ。その最も強烈なものが大東亜戦争だった。日本が起こした戦争は、第一義的には「自衛戦争」だった。しかし同時に、開戦当初から「白人列強の植民地支配からアジアを解放する」という戦争目的もあった。白人至上主義に立つ欧米列強のアジアの植民地を舞台に、欧米軍へ軍事的な反撃を加え、搾取され続けていたアジア諸国を解放して独立へと向かわせたのだ。欧米列強にとって、それは「復讐」とも思われた。有色人種が立ち上がって、白人に歯向かってきたのである。

黒人奴隷が戦った「アメリカ独立戦争」

植民地をめぐる戦争は、往々にして「現地人」を戦闘の最前線に立たせるスタイルが基本だった。この「手法」は、ずっと第二次世界大戦まで続いた。大東亜戦争は、日本が「侵略戦争」を起こしてアジア諸国と戦ったのではない。アジアを、いわば侵略し、植民地にしていた欧米列強の駐留軍と、そちらについた蒋介石の国民党軍との戦闘だった。

しかし、そのアジアを占拠する欧米列強の軍隊には、アフリカから連れてこられた黒人兵までいた。欧米軍は、実際の肉弾戦にはインド兵など現地でリクルートした兵隊を投入し、白人はできる限り消耗しないようにしていた。白人なのに、白人とわからないように、顔に炭を塗って変装してまで、万が一の「危険を回避」していたほどだった。そんなことをしたのは、日本軍の白人への復讐を恐れたからだった。

最近は、日本のリベラルなメディアも「国民」という表現を使うようになったが、かつて左翼メディアは、「市民」という言葉を好んで使った。しかし、その「市民」としての権利が与えられるための義務を、ほとんど語ることがない。

古代の都市国家の時代から、「市民」の権利は、兵役の義務と表裏一体だった。その都市国家のために命を賭して戦うことで、「市民」となる資格が与えられたのだ。市民権は、国を守るために戦争で戦う義務なしに成立することはない。

その歴史は、ギリシアの新しく生まれた都市国家と同様に、新大陸につくられた「国家」にも継承されたようである。黒人奴隷は、アメリカ独立戦争に参加することによって「自由身分」を与えられると、そう夢見た。奴隷解放という「自由」への希望から、黒人は独立戦争を戦った。ところが、そこで派生したのは、アメリカ独立宣言が高らかに謳う「自由」と、黒人奴隷が現実として解放されなかったこととの齟齬《そご》だった。

ジョージ・ワシントン司令官は、「自由」を保証して黒人兵を採用、独立戦争の後には「自由身分」の黒人が増加したという。さらに、アメリカの独立宣言は、「オール・メン・アー・クリエイティッド・イコール（すべての人間は平等につくられた）」と高らかに謳い上げたが、アメリカ全土には、多くの黒人奴隷が、アメリカ独立の後も現実に存在していた。理想と現実のギャップは、誰の目にも明らかだった。

アメリカでは、七月四日が独立記念日とされている。これは、「アメリカ独立宣言が交付されたことを記念して定められた」ものであり、実際に七月四日の「打ち上げ花火」は、一七七七年から続く伝統行事となっている。独立戦争そのものは、一七七五年に始まり、一七八三年まで続いた。

アメリカという国は、天照大御神の神勅によって生まれた日本と異なり、キリスト教思想を背景に形づくられ、憲法によってその形を整えた、いわば「人工的な国家」である。一方でイギリスは、「マグナ＝カルタ」という成文法があるとはいえ、伝統や習慣に立った不文律がより重要な位置を占めている。この違いは、歴史という時間との関係式の中にあって、実に、「国の在り方」として如実に顕現しているように私には思われる。

「マグナ＝カルタ」は貴族の権利と自由を護るため

米国で、「基本的人権」を最初に規定したのは、一七七六年の「バージニア権利章典」であるとされている。イギリス人の私からすると、「人権」の規定はもっと時代を遡る。例えば、先ほど言及した「マグナ＝カルタ」にしても、成立したのは一二一五年六月十九日だ。

ラテン語の「マグナ＝カルタ」は、英語に訳せば「グレート・チャーター・オブ・ザ・

リバティーズ」。日本語では「大憲章」とされている。英語を日本語に訳せば、「自由の大憲章」といったところだ。問題は、その「自由」なのだ。ただ、そのことに言及する前に少しイギリスの歴史にも触れておこう。そのほうが理解し易いからだ。

時はイングランド王国、ジョン王の時代である。一二〇四年、ジョン王はフランスのフィリップ二世との戦争（ブーヴィーヌの戦い）に敗れ、フランス国内のイギリス領を失った。この戦いの背景には、実は、王の「権力」よりも教皇の「権威」をより上に置くか、それとも王はローマ教皇よりも上位にあるのかという、国王とカトリック教会の長である教皇との凌ぎを削る対立もあった。

いずれにしても敗れたイングランド王国は、さらなる戦いのために、徴兵の必要に迫られた。しかし貴族諸侯は、これまでの兵役に疲れ果て、逆に王国が財政負担をするように強く要求し始めた。その貴族諸侯の要求をまとめた草案が、「マグナ＝カルタ」の元だった。ローマ教皇の下にあるカンタベリー大司教は貴族諸侯に話し合いでの解決を求めたが、その最中に他界してしまう。

貴族たちが要求したのは「適切な手続きに従うこと（デュー・プロセス）」や「実際の相続税率を数値で示すこと」、「ユダヤ人の負債への免除」、「兵役の限定」、「直轄地に関する条項の明確化」など十二項目だった。

教皇庁は、貴族に対して国王の決定に従うように促したが、貴族は「臣従誓約の破棄」を主張した。それに対し、ジョン王は、貴族の所領没収の勅令を発した。すると貴族たちは団結してジョン王の「退位」を求め、ロンドン市は王に逆らって貴族たちの要求を受け入れた。その事態に、ジョン王はロンドンの西の郊外にあるウィンザー城に立て籠ったが、最終的にはロバート・フィッツウォルターを長とする二十五人の貴族代表が王側と折衝し、一二一五年六月十九日に妥協案として「マグナ＝カルタ」が成立した。

この経過を知ったローマ教皇インノケンティウス三世は、教皇の勅令によって、「『マグナ＝カルタ』は無効だ」と宣言した。「イングランド王は、神と教会以外のいかなる約束にも縛られることはない」というのがその理由だった。教皇が権威を示したということだ。

ところが教皇の権威を示した令状が、国王側と貴族側の双方に届いたのは九月下旬のことだった。その時には、約束していた三カ月以内という期間をとっくに過ぎており、教皇の勅令は事実上無効となってしまった。

王側の行政長官が市民を支配することに反対したロンドン市民は、ロンドンに立て籠った貴族を支援。一方の二十五名の貴族代表は、軍事力を行使して「マグナ＝カルタ」が保証した所領の自治を十州で実現し、王側に対抗して自分たちで州の長官を任命した。

そこで王は、教皇の権威を背景に貴族諸侯と戦った。すると、なんと貴族諸侯はフランスのルイ王の太子に王位を譲渡しようと画策した。

ジョン王が他界すると、ルイ太子はロンドンに軍事侵攻（バロン戦争）し、「マグナ＝カルタ」は、一二二五年、ヘンリー三世の時代に再度、「王を縛る憲章」として復活した。

ご存知のように、「マグナ＝カルタ」は、世界史の中で「王による権力の横暴を許さない」という観点で、「憲法」の根源であるかのように言われている。最終的に「マグナ＝カルタ」は、前文と六十三か条で構成されたが、そもそもは、「貴族の権利と自由」を、国王に保証させようとしたことに由来しているのだ。

アメリカ合衆国憲法は、「白人」だけのもの

アメリカの独立の背景にも、「自由」という思想がある。それは前述したように、宗主国の植民地に対する横暴に、新大陸の「市民」が立ち上がり、戦争を経て勝ち取った「自由」である。多くの黒人奴隷も兵として戦い、新天地での「自由」に希望を抱いた。

しかし、ここで言う「自由」についても、考察してみる必要がある。

一七八七年に制定されたアメリカ合衆国憲法の前文には、次の様に書かれている。

〈われら合衆国の人民は、より完全な連邦を形成し、正義を樹立し、国内の平穏を保障し、共同の防衛に備え、一般の福祉を増進し、われらとわれらの子孫の上に、自由のもたらす恵沢を確保する目的をもって、アメリカ合衆国のために、この憲法を制定する〉

さらに有名な次のフレーズもある。

〈われわれは、自明の真理として、すべての人は平等につくられ、創造主によって、一定の奪い難い天賦の権利を付与され、そのなかには生命、自由、および幸福の追求の権利が含まれていることを信ずる〉

アメリカは、人工的ではあるが、素晴らしい理想を憲法に掲げた。そして新大陸で、その憲法に立った国家を建設しようとしたのである。ただ、「すべての人」に、先住民も黒人も含まれていなかった。

アメリカの独立戦争を黒人兵も戦った。それにより、一部には自由奴隷も出現した。だがしかし、アメリカ合衆国憲法が高らかに宣言した「自由と平等」は、多くの黒人奴隷が享受できるものではなかった。

アメリカの独立から百年は、東海岸の旧十三植民地からさらに「西へ、西へ」と西部開拓をしていった時代だった。アメリカ合衆国憲法の素晴らしい理想の一方で、黒人奴隷は過酷な使役を強いられた。

統計のひとつは、一七九〇年から一八六〇年の七十年の間に、およそ百万人の黒人奴隷が西部に移動したとしている。『投機家と奴隷　古南部の奴隷所有者、貿易業者および奴隷』(一九八九年、マイケル・タッドマン著)は、「移住した奴隷の六十~七十%は奴隷売買の結果だった」と論じている。

つまり、「動産」となった「黒人奴隷」は、商品だった。その商品の売買が、西部開拓時代を築き発展させ、同時に「黒人奴隷売買」が大きなビジネスとなったのだ。

歴史家のアイラ・バーリンは、「南部に向かう(黒人奴隷の)行進の陰気な様子を観察した者は『男も女も子供たちまでも、葬式に向かう列に似ている』と表現した。実際に行進中に死んでゆく男女、あるいは売られる者、再販される者もいて、奴隷は商品として扱われるだけでなく、あらゆる人間的な感情からも疎外されていた」と述べている。

アメリカ合衆国憲法は、そうした黒人奴隷たちには、どのように響いたのだろうか。

西部開拓というのは、アメリカを横断してみるとよくわかるが、岩山や砂漠がずっと広がる大地を、人間の住めるようなところにしてゆく作業だった。その中で黒人奴隷は、「人間」ではなく、牛馬のように酷使された。必然的に、黒人奴隷の反抗が増大した。

それに対して黒人奴隷の所有者や監督者は、彼らを自分の所有物のごとく扱い、焼き印を押した。鞭で体がズタズタにされた黒人奴隷もいた。労働力として有益な、若くて未婚の黒人男性は、その所有者の「特別に野蛮な暴力」に耐えなくてはならなかった。

南部の各州は、黒人奴隷の所有者に、「権限」を与えた。それは「体罰」だった。「黒人奴隷に対して働くように説得することは『豚に真珠』だ。奴隷を働くよう仕向け、義務を果たさないなら罰を受けると常に理解させておくべきだ」と語る奴隷所有者もいた。

合法的な「体罰」は、黒人奴隷への「福祉」とも考えた。つまり、合法的な暴力を行使することは職業訓練だった。「更生」するための「指導」という恩恵を、黒人奴隷に施していたというのだ。「体罰」によって、不貞奴隷は、「規律を守って、朝から晩まで勤労に従事し、集団での協調を体得し、無秩序な行動や上位のものの権威を受け入れないという傲慢な心を改心させることができる」のである。

「ブラック・コード（黒人法）」によって、監督者が奴隷を残忍に鞭打つことは、合法と認められていた。

黒人奴隷は、白人から募集された奴隷警邏《けいら》隊《たい》によって監視され、警邏隊は逃亡した奴隷に略式の罰を与え、時には傷を負わせたり、殺したりすることさえも許された。肉体的な虐待や殺人に加えて、奴隷たちは、所有者が利益や罰、あるいは負債の償還のために売り渡すと決めた場合には、家族の一員を失う危険性をいつも抱えていた。

「主人や監督者を殺したり、納屋を燃やしたり、馬を殺したり、あるいは仕事を遅らせ報復する奴隷」がいた一方で、奴隷の所有者にとって、黒人奴隷は合法的な財産であったため、奴隷の黒人女性が、所有者やその家族の一員や友人によって、強姦されることは異例なことではなかった。

具体的な実名を出すのはいささか憚《はばか》れるが、例えば、第三代アメリカ大統領で「独立宣言」の起草者の一人であるトーマス・ジェファーソンも、その例に漏れることはなかった。ジェファーソンは、家にいた若い女性奴隷サリー・ヘミングスと性的関係があった。彼女はジェファーソンの妻が逝去した後に、子供を産んだと言われる。

「奴隷解放」を推進した共和党、「奴隷制度を守れ」と抵抗した民主党

歴史を知らない人は、人種差別に反対してきたのが民主党などのリベラル陣営だ、と勘違いをしている。

実は、奴隷制を維持しようとしたのが南部民主党であり、奴隷制を否定したのが共和党だった。それが一八六〇年のアメリカ大統領選挙の選択肢だった。その他、北部民主党は地域ごとに奴隷制度維持を決定した。

選挙の結果、共和党のエイブラハム・リンカーンが一般投票で最多数、選挙人投票で過半数を獲得した。ところが、リンカーンが「奴隷解放」を訴えたために、南部の十州ではリンカーンの名は候補者名簿にすら載らなかった。無報酬で働く四百万人の黒人奴隷なしでは、南部経済は成り立たなかったからである。

これにより、南北は激しく対立し、分割線で国を二分することになった。そして結果的には、一八六一年（日本への黒船襲来の八年後）に起こった南北戦争が、奴隷制度を終わらせたことになっている。

北部の「所有」となった奴隷は、戦争後、南部に戻る必要はない「禁制品」とされた。このため、多くの黒人奴隷が北に逃亡し、北軍の兵士や労働者となり、北軍には黒人だけの連隊も誕生したほどだった。

一八六三年一月一日に発布されたリンカーンによる奴隷解放宣言は、北軍が南部に到着すれば、南部の奴隷を自由にすると約束していた。

しかし、現実的には境界州がリンカーンの権威を認めなかった。そのため、解放されたのは、初期の段階で北部に逃げ込んだ黒人奴隷だけに終わった。

「ゲティスバーグ演説」はマニフェスト・デスティニー宣言

エイブラハム・リンカーンは、一八六一年三月四日に第十六代アメリカ大統領となった。リンカーンは一八六三年十一月九日に、国立戦没者墓地の開会式で演説を行った。有名な「ゲティスバーグ演説」と呼ばれるものだ。

戦没者を追悼して「人民の人民による人民のための政治を地上から決して絶滅させないために、われわれがここで固く決意することである」という有名なセリフでよく知られ、民主主義の基礎を主張したことになっている。

ゲティスバーグ演説は、二百七十二語千四百四十九字で、約二分間の極めて短いスピーチだった。リンカーンの演説の中では最も有名なものであり、また歴代大統領の演説の中でも常に第一に取り上げられ、独立宣言、合衆国憲法と並んで、アメリカ史に特別な位置を占める演説となっている。あまり全文に接する機会も少ないだろうから掲載しよう。

〈八十七年前、われわれの父祖たちは、自由の精神にはぐくまれ、人はみな平等に創られているという信条にささげられた新しい国家を、この大陸に誕生させた。

今われわれは、一大内戦のさなかにあり、戦うことにより、自由の精神をはぐくみ、自由の心情にささげられたこの国家が、あるいは、このようなあらゆる国家が、長く存続することは可能なのかどうかを試しているわけである。

われわれはそのような戦争の一大激戦の地で、相会している。われわれはこの国家が生き永らえるようにと、ここで生命を捧げた人々の最後の安息の場所として、この戦場の一部をささげるためにやって来た。

われわれがそうすることは、まことに適切であり好ましいことである。しかし、さらに大きな意味で、われわれは、この土地をささげることはできない。清めささげることもできない。聖別することもできない。足すことも引くこともできない、われわれの貧弱な力をはるかに超越し、生き残った者、戦死した者とを問わず、ここで戦った勇敢な人々がすでに、この土地を清めささげているからである。

世界は、われわれがここで述べることに、さして注意を払わず、長く記憶にとどめることもないだろう。しかし、彼らがここで成した事を決して忘れ去ることはできない。ここで戦った人々が気高くもここまで勇敢に推し進めてきた未完の事業にここでささげるべきは、むしろ生きているわれわれなのである。

われわれの目の前に残された偉大な事業にここで身をささげるべきは、むしろわれわれ自身なのである。――それは、名誉ある戦死者たちが、最後の全力を尽くして身命をささげた偉大な大義に対して、彼らの後を受け継いで、われわれが一層の献身を決意することであり、これらの戦死者の死を決して無駄にしないために、この国に神の下で自由の新しい誕生を迎えさせるために、そして、人民の人民による人民のための政治を地上から決して絶滅させないために、われわれがここで固く決意することである〉

（日本語訳はAmerican Center Japanより引用）

日本の読者がどう思われるかわからないが、これは「聖戦」の宣言である。この戦いで戦死した英雄は神の御心に命を捧げたという「宣明《せんめい》」ですらある。恐らく、いまの日本の政治指導者に、このような「神がかりな宣言」は決してできない。

しかし、この宣言はいまもアメリカの大統領に継承されている。アメリカの大統領に就任する者は誰であろうと、キリスト教の聖書に手を置き、キリスト教の神に、自分が「神の御心の地上代行者」であることを誓うのだ。

日本人も、リンカーンのゲティスバーグ演説の最後の宣言をよく知っている。「人民の人民による人民のための政治」という一句である。

ただ、日本人がまったく知らない前提がある。それは、この「人民」とは「キリストの神を信じる人民」に限定されていることだ。その他の神を信じる者は「人民」に含まれない。つまりこれは、そっくりそのまま「マニフェスト・デスティニー」の宣明である。「神の国を、この地上に実現する。その実現をする人々が、その神の国を実現するための政治」を行うぞ、という宣言なのだ。

神の国の実現という目的を抜きにして、「人民の人民による人民のための政治」は、存在しない。しかも、その「人民」とは白人であった。キリスト教を奉じる白人の国づくり。それが、リンカーンのゲティスバーグ演説だったのである。

百年後も黒人は自由ではなかった

本書は、通史を目的にしていないので、時を一気に百年後に「ワープ」させよう。一九六三年の黒人の置かれた現実がどうであったか。そのことを最もよく表現しているのは、マーチン・ルーサー・キング・ジュニア牧師の演説だ。

リンカーン大統領は、前述した一八六三年のゲティスバーグ演説で、「八十七年の月日が流れても」の「八十七年」を「フォー・スコアー・アンド・セブン・イヤーズ」と表現した。

「スコアー」とは、二十年のことだ。

そして、それから百年後の一九六三年、マーチン・ルーサー・キング・ジュニア牧師は、「ファイブ・スコアー・イヤーズ・アゴウ（百年前）」と、リンカーンのゲティスバーグ演説を前提としたスピーチを始めた。

このスピーチも、歴史的なスピーチとして知られている。私もよく知っている。ただ、集まっていた聴衆の中に、白人がいなかったというのは、最近になってユーチューブの動画で初めて知った。

アメリカの首都ワシントンの、リンカーン記念堂からリフレクティング・プール、そしてワシントン・モニュメントまでの広場は人で埋め尽くされていた。そこに集った人々がどう感じたか……。きっと感銘を受け、キング牧師の訴えに賛同したに違いない。ただし、そこには白人の姿はなかった。

リンカーンのゲティスバーグ演説から百年が経過した当時においても、白人による黒人差別は厳然たる現実だったのだ。いま一度、「私には夢がある」というキング牧師の訴えを噛みしめてみよう。

【キング牧師のリンカーン記念堂での演説】

〈本日、皆さんと共に集《つど》えることは、私の喜びであります。歴史に残る、我が国の歴史上最も偉大な、自由のための集会だからです。

百年前、今日私たちが立つこの地に、その象徴的な姿を示すひとりのアメリカ人が、奴隷解放宣言に署名をしました。

この記念すべき布告は、恐るべき不正義の炎に焼かれてきた、何百万という黒人奴隷にとって、この上ない希望の光として迎えられたのです。それは束縛された黒人奴隷にとって、長かった夜に終止符を打つ、歓喜の夜明けとして訪れたのです。

しかし、百年後、黒人はいまだに自由ではありません。

百年経っても、黒人の生活は、いまだに隔離という手枷《てかせ》と、差別という足枷《あしかせ》によって、悲しむべき不自由を強いられているのです。百年経っても、貧困の孤島に生きているのです。物質的繁栄の広大な海のただ中にあってです。百年後のいまも、黒人はアメリカ社会の片隅で、自らの国の中にあって、流浪の民であることに気づくのです。

だからこそ、我々は今日、ここに集ったのです。この恥ずべき状況を、劇的に暴くためにです。我が国の首都に、小切手《チェック》を現金《キャッシュ》に換えるために、やって来たのです。

我らの国の建設者たちが、立派な言葉で、憲法や独立宣言を書き上げた時、彼らは約束手形に署名をしたのです。すべてのアメリカ人が、その受取人でした。その手形は、黒人であるか白人であるかに関わらず、他人に譲渡し得ない生命と自由と幸福の追求の権利を、約束していたのであります。

今日《こんにち》、明白なのは、アメリカという国家が、有色の市民に関する限り、その約束手形の不履行をしたことです。この神聖なる義務を履行することなく、アメリカは、黒人に不良手形を渡していたのです。それは、「不渡り」という判を押され、戻ってきたのでした。

しかし、我々は信じません。正義の銀行が倒産したなどということを。

我々は、信じることを拒否します。「不渡り」などが、この国の資産の大金庫にあるということを。だからこそ、我々は、この小切手を換金するために、やって来たのです。請求された自由という財産を、公正という保証を、我々に与えるという小切手を持って。

この神聖なる地に我々がやって来たのは、いま、という恐ろしい非常事態を認識させるためでもあります。のんびりと頭を冷やす贅沢に浸ったり、次第になどという精神安定剤を飲んでいることはできないのです。

いまです。暗い荒れ果てた差別の谷間から、日の当たる人種平等の道を目指して立ち上がる時は。いまこそ、我が国を、人種不平等の流砂の中から、同胞愛という堅固な岩へと引き上げる時なのです。今こそが、すべての神の子が、正義を現実にする、その時なのであります。(中略)

私は夢見るのです。いつの日か、この国が姿勢を正し、「全ての人間は、神のもとに平等であるとの真理を、我々は自明の理と考える」という教義の、真の意味を完全に活かす日が来ることを。

私は夢見るのです。いつの日か、ジョージアの赤い丘の上に、かつての奴隷の息子と、かつての奴隷所有者の息子たちとが、いっしょに兄弟のテーブルについて、腰を降ろす日が来ることを。

私は夢見るのです。いつの日か、あのミシシッピー州でさえも、不公平の熱に汗まみれとなり、圧政の熱に汗まみれとなっているあの州でさえも、自由と公平のオアシスへと姿を変えることを。

私は夢見るのです。いつの日か、我が子四人が、肌の色ではなく、人間としての中身によって評価されるような国に住むことができることを、私は、今日、夢見ているのです。

私は夢見るのです。はるか南のアラバマ州で、あの悪意に満ちた人種差別主義者のいる、干渉と国法無視の言葉を口走る知事のいるあのアラバマ州で、我々の可愛い黒人の男の子や黒人の女の子が、兄弟のように、可愛い白人の男の子や白人の女の子と、手を取り合うことができるようになることを。私は、今日、夢見ているのです。

私は夢見るのです。いつの日か、どの谷も高められ、どの小山も大山も低められ、でこぼこの土地も平らにならされ、曲がりくねった土地も真っ直ぐになり、神の栄光が姿を現し、全ての人が肩を並べて、その光を見るようになることを。これこそ私の願いなのです。

（中略）

黒人が、公民権を認められない限り、アメリカには安息も安定も訪れない。反抗の旋風は、正義の実現という輝かしい日を迎えるまで、我が国の根底を揺るがし続けることでしょう。

しかし、正義の殿堂へと向かう、熱気に溢れた節目に立つ皆さんにも、言っておくべきことがあります。我々の正当な地位を得る過程に於いては、神の御前で罪を犯してはなりません。自由への渇望を、恨みや嫌悪の杯をもって満たしてはなりません。我々は永遠に、高邁な威厳と修養をもって、闘争を続けなければならないのです。我々の創造的な抗議行動を、暴力に貶めてはなりません。繰り返しますが、魂の力と行動とを一にして、我々は崇高な高みに昇らなければならないのです。

黒人社会を結集して繰り広げる、この新たな戦いの状況が、すべての白人に対する不信へと駆り立てるものであってはなりません。今日ここに集まってくれている、我々の多くの白人の兄弟たちは、彼らの運命も、我々の運命と繋がっているのだと、そう気づいた人々であります。彼らは、自分たちの自由が、我々の自由と、切っても切れない関係にあることに、気づくようになったのです。我々は、ひとり歩きはできません。我々は、歩く以上、前進あるのみと心に誓わなくてはなりません。退却はできないのです〉

一八六三年とは、ペリーの黒船艦隊が「江戸をレイプした時」から十年後の文久三年のことで、日本は、まさに「激動の幕末」の末只中だった。一方、一九六三年といえば、私が来日する一年前の昭和三十八年……。東京オリンピックの一年前だった。

百年は長い歳月だが、日本はその間に、鎖国を終わらせて開国し、明治維新を迎え、大正デモクラシーを体験し、激動の昭和の始まりから大東亜戦争に至り、さらに戦後の占領を経て主権を回復し、高度経済成長に入って復活するという大変革を経験したのである。

日本ではリンカーン大統領というと、民主主義の基礎をつくり、奴隷を解放する演説を行った立派なアメリカの大統領という教え方なのであろう。ほとんどの日本人から、「リンカーンの悪口」を耳にしたことがない。

しかし、現実には黒人差別は百年後まで続いたし、アメリカはゲティスバーグ演説後もアジアへの侵略を実行していた。

いずれにせよ、アメリカをはじめとする西欧列強の砲艦外交、植民地支配、有色人種への奴隷のような扱いは幕末の日本を激震させた。

アジアで独立主権国家として残されていたのは日本だけだった。他のアジア諸国は、西欧列強の植民地支配と、白人至上主義に喘《あえ》いでいた。

確かにネパールとシャム王国（タイ王国）は、かろうじて植民地になってはいなかったが、それは、アジアを争奪する列強諸国の争奪戦争の「緩衝地帯」として残されていたにすぎなかった。

そんな中で幕末の日本が、欧米列強の白人至上主義と植民地支配にどのように対峙し、また戦ったか……。その事実を、日本人はもっと知る必要がある。

第七章

白人列強がアジアを侵略した時代

平和な日本に突如として現れた「外夷」

私は、ペリーは「江戸をレイプした」と、そう思っている。

二〇一四（平成二十六）年に、『Black Ships : The American Fleet That Opened Japan to the West』（Overlook Hardcover）という本を、翻訳者の藤田裕行氏の協力も得て口述筆記でまとめたが、その内容は、その後の一連の私の「翻訳書」に様々に引用・加筆されている。私は、もう一度、世界史の中の「黒船襲来」を、ハッキリと日本人に理解して欲しいのだ。

そこで、親しい友人であった故ドナルド・キーン氏が上梓した『エンペラー・オブ・ジャパン』（邦訳『明治天皇』上巻・下巻、新潮社）という大著の膨大な資料を渉猟しながら、幕末の日本政府の混乱と立派な外交姿勢を、振り返ってみたいと思うのだ。

白人列強による侵略の脅威は、江戸時代末期にはすでに日本に迫り、深刻になっていった。

一八五三（嘉永六）年六月三日（新暦で七月八日）、ペリーの艦隊四隻が浦賀に入港した。浦賀奉行所与力の中島三郎助は、通詞の堀達之助と旗艦サスケハナに近づき、堀が英語で士官と交渉し、登艦を許された。

中島が退去命令書を渡すと、ペリーは副官を通じ、「日米通商条約を結ぶべく大統領の国書を持参した。日本を代表する者にしか渡せない」と返答した。

翌日、奉行と偽って浦賀奉行所与力の香山栄五衛門が、サスケハナのブキャナン艦長らと会い、「浦賀は外国人応接の場ではない。長崎に回航してほしい」と伝えた。これに対しブキャナン艦長は「日本政府が国書を受け取るにふさわしい官吏を直ちに任命しなければ、武力をもって上陸し、将軍に直々国書を手渡す」と脅迫した。

浦賀奉行の井戸弘道は米国艦隊の来航を幕府に伝えた。

幕閣の決議について、キーンは「外国からの国書を受け取ることは国法が禁じている。しかし、もしここで拒めば、戦禍を招くことは必至である。この場はしばらく忍耐し、国書を受け取り、米艦が去った後に衆議を尽くして国是を定めることこそ最良の策であるというものであった」と書いている。

九日、浦賀奉行の井戸弘道らが久里浜に赴き、「将軍が目下重病につき、国家の大事を即決するわけにはいかない。翌年に答書を与える」と告げてペリーから国書を受け取った。

キーンは、こうした一連の事件の経緯は、この時点では一切朝廷に達していなかったとも述べている。

十四日、米国フィルモア大統領の国書が幕府に届いた。老中阿部正弘は幕閣を集めて衆議を諮《はか》った。しかし、意見は紛糾した。

阿部正弘は、平生より国防に熱心で、幕閣から長老として尊敬を集めていた前水戸藩主の徳川斉昭に使いを出して意見を求めた。斉昭は、米国の要求を斥《しりぞ》けて一戦を交えることは難しいと十分承知していたが、外国の要求を唯々諾々と呑むことはできない。「強硬な態度で米国に臨むべし」と回答した。

十五日、幕府は京都所司代の脇坂安宅《やすおり》を通じて事の次第を朝廷に伝えた。孝明天皇は国を憂い、七社七寺に十七日間にわたって四海静謐《しかいせいひつ》、宝祚長久《ほうそちょうきゅう》、万民安穏《ばんみんあんのん》を祈願されたという。

七月一日、幕府は従来、国政については一任され決定を下していたが、今回ばかりは外交問題なので、大統領の英文国書を翻訳して各藩の藩主に意見を聞いた。

薩摩藩主の島津斉彬は「米国の要求を受け入れることは、幕府の体面を傷つけ、外国からの侮りを招く恐れがある。しかし、すぐに米国と砲火を交えても必勝を期し難い。交渉をできるだけ長引かせ、回答を三年延ばすことにしてはどうか。その間に武備を充実させ、民力を養うことによって一挙に外夷を撃攘することは決して難しくない」という主旨の書状を幕府に提出した。多くの大名が斉彬に共感し、これ以降「攘夷」という言葉が国防を主張する武士の合言葉になった。

朝廷に大統領国書の翻訳文が届いたのは七月十二日だった。その九日後に「御前会議」が招集された。関白の鷹司政通《たかつかさまさみち》、議奏の烏丸光政《からすまるみつまさ》、武家伝奏（諸事にわたり、武家との連絡にあたる朝廷の役職）の三条実万《さねつむ》らが参内した。

キーンは、「驚いたことに、関白鷹司は米国の要求を受け入れることに賛成の意を表した」と書いている。

鷹司の言い分は、次のようなものだった。

「我国は確かに国是として他国との交通を禁じている。しかし、現に清国とオランダとは長年にわたって交易しているではないか。仮に米国との通商を許したとしても、二国が三国に増えるだけのことである。しかし、交易の場は長崎に限るべきである。もし、これを冒すようなことがあれば、そのときこそ撃攘すべきである。不幸なことに、我国の武士は剛健の気風を忘れ、怯惰柔弱となった。武士が戦の方法を知らずして、外国に戦を挑むがごときは得策ではない。交易を許し、貿易の利を収めることこそ肝要である」

それから一カ月ほど経った八月十七日、今度は、E・V・プチャーチン海軍中将率いるロシア艦隊四隻が、長崎に入港した。日露通商に関するロシア政府からの書簡を持参したと長崎奉行所に告げた。

その時のロシアの出方を、キーンの論述などを参考に抜粋・要約しよう。

日本に迫る白人大国ロシアの脅威

長崎奉行宛て書簡には、「ロシアは当初、江戸湾に入り幕府と交渉する予定だった。しかしロシア政府は日本の国法を尊重し、外国との通商に指定された長崎港に赴くのが適切と判断した」とアメリカ艦隊との差を際立たせ、「即ちこれは、ロシア皇帝が両国の友好を強く望んでいる証である」と書かれていた。長崎奉行は、直ちに幕府に書簡を送った。プチャーチンは、日本側の返事をしばらく待った後に、返答がなければ江戸へ回航すると脅して上海へ出航した。

このとき、第十二代の徳川家慶将軍が死去し、老中幕閣は対応の余裕もなく、議論の末に書簡を受け取ることにした。

書簡は、ロシア外務大臣のカルル・ワシリエヴィッチ・ネッセリローデからのもので、樺太（サハリン）諸島の境界線に決着をつけたいとしていた。

プチャーチンは上海から戻ると、幕府の対応が遅れていることに激怒し、五日以内に回答が得られないなら江戸に回航すると脅した。四日後、幕府全権が返事を携えて長崎に到着した。回答は、「国境の画定は時間を要する難事。地図作成も必要で各藩とも協議がいる。開港については、祖宗（天照大神と歴代天皇）の禁令に触れる。しかし世界情勢に鑑み、幕府も開国の必要性は認識しているが、朝廷にも奏上、諸大名にも諮問せねばならず、即答はできない。三年から五年の猶予が見込まれる」というものだった。

幕府の対応に業を煮やしたプチャーチンは、サハリン南部を除くエトロフ以北の島はことごとくロシアの領土であると幕府の全権に告げた。

幕府全権は反論した。

「日本は、かつてカムチャッカを領有していた。千島（クリル島）、樺太（サハリン島）については、いまさら言うまでもない。翌春にも幕吏を樺太へ派遣し、実情を調査させる所存である。その間、ロシア艦隊は江戸近海を除く日本沿岸各地で必要に応じ薪水の供給を受ければよい。将来、他国と通商を許すときには、ロシアにも同様の措置をとると約束しよう」と……。

その返答に対してプチャーチンは争わず、春の再訪を約して長崎を去った。

十月二十三日、前将軍家慶の四男の徳川家定が、天皇から第十三代将軍に任命された。

孝明天皇は武家伝奏の三条実万に勅旨を伝えた。

「征夷大将軍たる最も重要な務めは、異国船を打ち払い、衆心を堅固にし、国辱後患を残さぬことである」というものだった。

一八五四（嘉永七）年一月十六日、ペリーが再び来航し、開港を強く迫った。

同年三月三日、幕府は孝明天皇にひと言の相談もなく、米国と神奈川条約（日米和親条約）を結んだ。下田、函館の二港を米国船に開港、米国領事を下田に駐在させ、必要に応じ米国船に薪水を供給することを約したのである。

それに続き、同年八月二十三日には、日英和親条約も締結された。

そして同年九月十八日、大阪湾にロシア軍艦ディアナ号が姿を現した。前年に来航した老朽艦パルラダ号とはうって変わって近代技術の粋を集めた最新鋭の軍艦だった。

幕府は各藩に命じ京都及び周辺の警護を固めさせ、御所より守護し易い大阪城へ孝明天皇を移す意見まで出た。

十月三日、幕府全権とロシア海軍中将プチャーチンが下田で交渉を開始した。すると、翌日、大地震が本州全土を襲った。

その地震は津波を起こし、下田は大被害を蒙った。沿岸の無数の漁民が津波にさらわれ、ロシア軍艦も大きな損傷を受けたが、かろうじて岩に打ち砕かれることは免れた。下田は地震と津波で完全に破壊された。京都でも、この最大級の地震は多くの家屋を倒壊させ、多数の死者を出した。

激震に見舞われた安政の日本

京都の朝廷は、この一連の惨禍は、すべて元号に原因があるとして、「嘉永《かえい》」から「安政」に元号を改めた。そして改元した一八五五（安政元）年十二月二十一日、幕府全権はロシアと千島と樺太の国境確定と交易の交渉に入り、日露和親条約を締結した。具体的には、千島列島の得撫島《うるっぷ》と択捉島《えとろふ》との間に国境が定められた。樺太については、黒竜江の対岸のラッカ付近までを日本領として統治することとなった。さらに安政二年十二月二十三日には、オランダと日蘭和親条約も締結した。

一八五六（安政三）年七月二十一日、米国総領事のタウンゼント・ハリスが、軍艦サン・ジャシント号で下田に到着した。ハリスは下田奉行岡田忠養と会見、米国総領事として駐在することを告げた。一方の岡田は、幕府の指示でハリスの駐在の権利を否定し、外国人の日本滞在を禁止する法令をひとつひとつ読み上げた。

ハリスは、日本駐在は神奈川条約（日米和親条約）に定められた条項に準拠すると主張、結局一カ月待たせた上で、幕府はハリスの下田駐在を承認した。この間ハリスは、起居していた玉泉寺に星条旗を掲げ、そこを米国総領事館と称した。

ハリスの下田到着の二日後に、長崎出島のオランダ全権弁務官ヤン・ヘンドリック・ドンケル＝クルティウスは、幕府に書簡を送り、鎖国政策放棄を進言した。「日本があくまで鎖国政策に固執するなら、世界列強との戦争を招くことは必定」と主張し、同時にキリスト教禁止令を解くよう要求した。さらに外国貿易がもたらす利益に言及し、日本は貿易税率を定め、貿易品の生産を奨励すべきだと説いた。

一八五七（安政四）年二月、ドンケル＝クルティウスは長崎奉行に以下の警告を発した。

「清国は英国との阿片戦争に敗れ、講和条約によって廈門《アモイ》、広州、上海、寧波《ねいは》、福州の五港を開港することになった。清国はしぶしぶ開港したが、その結果、対外貿易で各港は繁栄し、国民は大いにその恩恵に浴した。しかし広州だけが条約に反して開港しなかった。暴徒は英国国旗を引きずりおろした。このため広州の街は英国艦隊の砲撃を受け、灰燼《かいじん》に帰した。欧米人は、これを清国官吏が理非の判断を誤ったためだと、いまだに清国人を嘲笑の的にしている」

ドンケルはそう言った上で、さらに次のように警告した。

「いま、英・米・露・仏は世界の強国である。貴国はいま列強と通商を開こうとしているが、早く古い国風を改めて、和親を実のあるものとし、時勢といっしょになって推移して、世界の大勢に順応するべきだ」と。

彼の警告した列強の日本への脅威は事実だった。日本を脅かす最大の脅威は、「外夷」で、次第に、「尊王攘夷」の合言葉が、それこそ無数の憂国の志士たちの口に上るようになっていった。

七月二十四日、幕府は米国総領事タウンゼント・ハリスのたび重なる要請に、江戸への出府と将軍への謁見を許可した。ハリスはオランダ通詞のヘンリー・ヒュースケンを従え、十月七日に下田を出発した。十月二十一日、将軍徳川家定は、大広間でハリスと引見した。

幕府諸公が左右に並び、将軍は上段で曲彔《きょくろく》（禅僧が法衣で用いる椅子）に腰掛けていた。ハリスは、フランクリン・ピアーズ米大統領から「日本国皇帝」に宛てた書簡を老中堀田正睦《まさよし》に手渡した。将軍は、不可思議な所作をし、「両国の交際は、永遠に続くであろう」と、短い返事をしたとハリスの日記に書かれている。

五日後に、ハリスは老中堀田正睦を再訪し、脅しにかかった。

「もし英国が日本との通商条約締結に失敗すれば、日本に戦争を仕掛けてくる恐れがある。英国海軍はサハリン、蝦夷を苦も無く占領するだろう。現在、英仏連合軍は北京を攻撃中である。もしこれに成功すれば、フランスは朝鮮を、英国は台湾を要求するに違いない。ひるがえってアメリカが望むものは何か。日本との友好関係だけである。もし日本がアメリカを受け入れるならば、アメリカは英仏の日本に対する過重な要求を斥けることができる。もし日本と英国との間で戦争が始まるようなことにでもなれば、日本はかならず負けることになるだろう。もし日本が我がアメリカ合衆国との条約に調印すれば、合衆国は日本に対する阿片の禁輸を保証する」

十二月二日、堀田はハリスを役宅に招き、米国と交易関係を正式に結ぶこと、日本に米国公使を駐在させること、下田に代わる港を開くことを承諾すると伝えた。

米国との通商条約の勅許（天皇の許し）を得るために、堀田正睦が上京するとの報が朝廷に入った。堀田が大金を献上するとの噂も流れた。天皇は関白九条尚忠に賜った宸翰《しんかん》（天皇直筆の文書）の中で、次の趣旨を述べておられる。

〈正睦幕命を含みて大金を献ずるの聞えあるも、紅白、豈《あに》朕が志を動かすに足らんや、朕が治世に迨《およ》びて通商を外夷に許すの俑《よう》を作らば、信を国民に失し、恥を後世に貽《のこ》し、神宮並びに列聖に対して一身を置くに処なし、卿等亦《また》宜しく斯意を体し、必ず金銭のために眩《げん》惑《わく》せらるることなかるべし〉

〔現代語訳：正睦が幕府の金で朝廷に大金を献じるとの噂があるが、黄金白銀でどうして朕の志を動かすことができようか。朕の治世になって外国に通商を許すような悪例を作るようなことになれば、国民の信用を失い、恥を後世に残し、伊勢神宮ならびに先祖に対して身の置きどころがなくなる。関白以下諸卿もどうか朕の意を体し、くれぐれも金銭に惑わされることのないように〕

孝明天皇の「攘夷」の意志

老中堀田正睦は幕閣重臣二名を伴い、一八五八（安政五）年一月二十一日に、将軍家定から孝明天皇への贅を尽くした贈物を携え江戸を発った。

その二日後、掘田は本能寺に武家伝奏二名、議奏三名を招き、世界の大勢と日本が置かれている現状を説明し、日本がこれ以上鎖国を続けることは不可能であると説明、通商条約の草案を示して勅許を求めた。

しかし孝明天皇は、外国人に対する譲歩に断固反対であり、ひたすら聖旨を重んじるよう説いた。もし、米国人の言うがままに開港するようなことにでもなれば、伊勢神宮に祭られる皇祖・天照大神にどうして顔向けできようか、「異人之輩」があくまで交易港の開港を主張するなら、そのときは武器を取って打ち払うことも辞すべきではないと述べられた。

三月二十日、幕府の奏請《そうせい》に対して勅答が下された。堀田は、天皇のこの憂国の勅答を拝受した。その中で天皇は、米国との条約締結が「神州の大患、国家安定の繋る所」とあり、「先年結ばれた条約によって下田が開港されたことすら、すでに国家の大事であるのに、また米国人の言うがままにこれが修正されるようなことにでもなれば、それは著しく国威を傷つけることになる」と述べておられた。

同年四月、幕府は彦根藩主の井伊掃部頭直弼《かもんのかみなおすけ》を大老に命じた。それに際し、天皇は幕府に対して「井伊は恐らく条約の勅許を強要してくるに違いない。しかし、断じて再考の余地なしと決意を新たにしている」と勅書を送っている。

孝明天皇による幕府の開国政策に対する糾弾は激しいものだった。キーンは、著書で次のように記述している。

六月十七日、孝明天皇は伊勢神宮、石清水八幡宮、賀茂社に勅使を遣わし、神の加護を祈らせた。宣命で天皇は、「万が一戦争に及ぶようなことがあれば、蒙古襲来の古例に倣って、神風を吹かせ『賊船』を打ち払いたまえ」と念じている。

そしてこの頃から維新直後まで、外国人に対するテロも横行する。主な事件を列挙する。

安政三（一八五六）年　ハリス襲撃未遂事件
安政六（一八五九）年　ロシア海軍軍人殺害事件、フランス領事館徒撲殺事件
安政七（一八六〇）年　日本人通訳殺害事件、フランス公使館放火事件、オランダ船長殺害事件
万延元（一八六〇）年　フランス公使徒撲傷害事件、マイケル・モース事件、ヒュースケン殺害事件
文久元（一八六一）年　第一次東禅寺事件
文久二（一八六二）年　第二次東禅寺事件、生麦事件、イギリス公使館焼き討ち事件
文久三（一八六三）年　井土ヶ谷事件
元治元（一八六四）年　イギリス陸軍軍人殺害事件
慶応二（一八六六）年　鳶《とび》の小亀事件（フランス水兵殺害）、ハリー・パークス恫喝事件
慶応三（一八六七）年　アーネスト・サトウ襲撃事件、イギリス水兵殺害事件、ヘンリー・スネル襲撃事件、イギリス水兵襲撃事件
慶応四（一八六八）年　神戸事件、堺事件、パークス襲撃事件

こうして見ると、いかに日本の志士たちが、日本に外国人（白人キリスト教徒）が入って

くることを嫌っていたかが窺い知れる。

そして一八六七年一月三日（慶応二年十二月三十日）、孝明天皇が崩御され、明治天皇が十四歳で践祚《せんそ》された（天皇の位を受け継がれた）。即位式は一八六八年十月十二日（慶応四年八月二十七日）に執り行われ、改元の詔書により、一八六八（慶応四）年一月一日より、明治元年となった。

ジェラルド・ホーンは、その著書『人種戦争――レイス・ウォー』の中で、次の様に述べている。

〈一八五三年に、マシュー・C・ペリー提督が浦賀にやってきた。日本の二世紀以上に及ぶ鎖国が、破られた。これは、衝撃的なできごとだった。ペリーは上陸すると、背が高い屈強な黒人奴隷を二人伴って行進した。歴史的な舞台に、黒人に一役を担わせた。日本人は蒸気船にも驚いたが、久しぶりに見た黒人に、興味津々だった。

なぜ、ペリーが黒人を連れていたのか、理由はわからない。日本人を黒人のように奴隷にし得ることを、示したかったのかもしれない。理由が何であれ、この黒船襲来が、人類史上に輝く偉業である「明治維新」をもたらし、「白人の優越」を断固拒否する、アジア人の先進国家が建設される道筋をひらいた〉

それにしても、明治維新の偉業を成し遂げたのは、明治維新以降に生まれた世代の日本人ではない。江戸時代に、サムライ文化の中に生きた日本人だった。

江戸は、当時、世界一の大都会だった。二百六十年の徳川幕藩体制は、天皇を中心とした近代国家へと見事に変身する。日本人も、世界が絶賛する偉業に、改めて学ぶ必要があるだろう。

白人列強の軍事的脅威

世界の動きを注視していたのは、朝廷、幕府の人間ばかりではなかった。維新のさきがけとなった志士・吉田松陰は、阿片戦争で清が西洋列強に大敗したことを知って愕然とした。あの大国・清が白人列強の餌食《えじき》になった。いずれ、その脅威は日本に迫ってくる。松陰は、これまで自身が学んできた山鹿流兵学が時代遅れになったと痛感し、一八五〇（嘉永三）年、西洋兵学を学ぶために九州に遊学、ついで江戸に出て佐久間象山に師事した。

一八五三（嘉永六）年、ペリーが浦賀に来航すると、松陰はさっそく師の佐久間象山と共に浦賀に赴き、黒船を観察し、西洋の先進文明に心を打たれた。このとき、同志である宮部鼎蔵《ていぞう》に送った書簡には、「聞くところによれば、彼らは、来年、国書の回答を受け取りにくるということです。そのときにこそ、我が日本刀の切れ味をみせたいものでありまとす」と書いていた。

その後、松陰は、師・佐久間象山の薦めもあって外国留学を決意。長崎に寄港していたプチャーチンのロシアの軍艦に乗り込もうとする。しかし、ヨーロッパで勃発したクリミア戦争にイギリスが参戦。同艦はイギリス軍艦からの攻撃もあり得るとして、予定を繰り上げて出航してしまい留学は果たせなかった。

また、一八五四（嘉永七）年にペリーが日米和親条約締結のために再来すると、金子重之輔と二人で、海岸につないであった漁民の小舟を盗み、旗艦ポーハタン号に漕ぎ寄せて乗船した。しかし、渡航は拒否され、小船も流されたため、下田奉行所に自首し、伝馬町牢屋敷に投獄された。

幕末・維新については様々な角度から検証し、言及することができる。「勝てば官軍」といわれるように、大義でいえば「賊軍」とされた側にも百も千も言い分はあろう。「尊王攘夷」「開国」など、それぞれに立場がある。人物に焦点をあてて書けば、きりがない。

しかし、当時の世界の状況の中にあった日本の選択として、明治維新は必要不可欠なものだった。

白人が侵略し支配する世界

明治の日本は「富国強兵」を最重要課題のひとつとしていた。近代的な軍事力を短期間に獲得しなければならなかったからだ。独立を保つためには軍事力が必要不可欠だった。

ここでジャーディン・マセソン商会が登場する。

ジャーディン・マセソン商会というと、読者の中には眉をひそめる方もいるかもしれない。前身は東インド会社、広州に設立された会社で、主な仕事は阿片の密輸とお茶の輸出だった。ちなみに香港上海銀行は、その資金をイギリス本国へ送金するために設立された銀行である。幕末から明治の日本にも深く関わったが、長崎のグラバー商会はそのジャーディン・マセソン商会の代理店だった。

そのグラバーの仲介でロンドン大学に留学した伊藤博文、井上毅《こわし》ら「長州五傑」は、ジャーディン・マセソン商会の船でイギリスに密航した。また、坂本龍馬が設立した「亀山社中」（後の海援隊）は、アメリカで南北戦争が終わったために売れ残った銃や軍艦を、商会を通して輸入した。

明治新政府の置かれた世界環境は、まさに弱肉強食時代の真っただ中にあった。その中で生き抜き、独立を保つには、強くなるしか方法はなかった。欧米列強に対抗できるだけの軍事力と経済力を国力として急速に持たなければ、それこそ北米の「インディアン」か南米の「インディオ」のように、極東の島国の日本人だって大虐殺をされかねないという脅威があったのである。

白人に唯一対抗できた日本の奇跡

しかし、日本が「インディアン」や「インディオ」と違ったのは、江戸時代の平和の世にあっても、教育を受けた民衆と優れた技術力、さらに優秀なエリートたちがいたということだった。そしてそれを土台として、明治の日本は次第に、その技術力、軍事力で欧米列強に近づいていったのである。

日本が優れていたのは、「国体」と「独立」を保ちながら、欧米の先進技術や制度を取り入れていった点だ。この辺が当時のシナや朝鮮とはまったく違っていたといえよう。

白人列強の世界侵略、大虐殺、植民地支配、奴隷売買が始まった後の非白人世界で、これができたのは日本だけだった。

日本は欧米の優秀な部分を学び、それを吸収・咀嚼《そしゃく》して、日本に適合する制度や文化をつくり上げていった。軍事力の面でも、欧米列強に対峙できるようにと国家の総力を挙げて取り組んだ。そんなことができた国は、非白人世界では日本だけだったが、日本がそうして国を挙げて「富国強兵」に努めた背景には、白人列強のアジア支配の脅威があったのは言うまでもない。

三国干渉という白人列強の侵略行為

明治維新後、日本は欧米列強の脅威にさらされながら、富国強兵に力を注いでいった。それこそ、日本の独立を守っていくための唯一の道だったからだ。その一方で、江戸末期から明治初年にかけて結ばれた、白人列強との不平等条約を改正することが喫緊の課題となっていった。

例えば、江戸幕府が一八五八（安政五）年にアメリカ、ロシア、オランダ、イギリス、フランスとの間で結んでいた通商条約（安政五か国条約）は、「一．外国に領事裁判権を認め、外国人犯罪に日本の法律や裁判が適用されない（治外法権）」、「二．日本に関税自主権がない」、「三．無条件かつ片務的な最恵国待遇条款を承認していた」など日本に極めて不利なものとなっていた。

明治政府は、これを解消するために膨大なエネルギーを費やすこととなったが、欧米列強が、自分たちが獲得した有利な条約をおいそれと手放すはずもなかった。

そんな中で起きたのが日清戦争だった。世界はアジアの片隅にある新興国にすぎない日本がアジアの大国・清国に勝利するなど想像だにしていなかった。しかし、結果は陸海とも日本の連戦連勝だった。日本と清国は、一八九五（明治二十八）年三月二十日に停戦、すぐに講和のための会議を始めた。四月十七日の下関の春帆楼《しゅんぱんろう》での講和会議は、日本側は首相の伊藤博文、外相の陸奥宗光、清国側は李鴻章《りこうしょう》らが出席した。そして下関条約が締結され、戦争は終結した。下関条約の主な内容は、次の通りだった。

一．朝鮮の独立を認め、自主独立を妨げる朝鮮から清国への貢、献上、典礼等を永遠に廃止する。
二．遼東半島、台湾、澎湖《ほうこ》諸島を日本に譲渡する。
三．清国は日本に三億両（テール）を支払う。
四．清国領内で列国と同等の特権を日本に認める。

この日清戦争の勝利は日本人を元気づけ、欧米列強との互角な関係を求め、不平等条約の完全改正にも取り組み始めた。

しかし、そこで日本の勝利を横取りしたのが白人列強だった。ロシアがフランス、ドイツと結託し日本に圧力を加えてきた。一八九五（明治二十八）年四月二十三日、三国の公使が日本に対し「遼東半島を清国に返還したほうがいい」と書簡を送ってきた、いわゆる三国干渉である。

国力の劣る日本は、白人列強の三国を相手に戦争をして勝つことなどできない。勧告を受諾するしかなかった。「臥薪嘗胆」……日本は、あらゆる苦難を耐え忍んで、この屈辱を晴らす決意をした。

ちなみに三年後に三か国は清国に対して、この代償を要求。ロシアは旅順・大連を、ドイツは膠州《こうしゅう》湾を、フランスは広州湾を租借した。ちなみにイギリスは、威海衛《いかいえい》と九龍半島を租借している。日本はこの三国干渉を通して、ロシアも含む白人列強がアジアを蹂躙《じゅうりん》する脅威を、まざまざと感じたことだろう。

大国ロシアを破った新興国日本

一九〇〇（明治三十三）年にシナで義和団の乱が起きると、ロシアは満洲を軍事占領し、その後、撤退を約束したもののいっこうに撤兵せず、さらに南下して朝鮮半島にも触手を伸ばすようになった。日本が脅威を感じたのは当然のことだった。

なんとか事態の打開を図ろうと日露協商交渉が重ねられたが不調に終わった。そこで日本が手を結んだのがイギリスだった。イギリスはシナにおける自国の権益を守るためにロシアの南下を阻止したいと考えていた。

一九〇二（明治三十五）年一月三十日、ロンドンで日英同盟が締結された。対象地域（シナ・朝鮮）で、他国の侵略に対し交戦に至った場合、お互いに中立を守ることで、それ以上、他国が参戦することを防止し、さらに三か国以上と交戦となった場合は、同盟国は締結国を助け、参戦する義務があるとする条約だった。

日露戦争勃発後、イギリスは中立を保ち、諜報活動やロシア海軍への邪魔などで日本を支援した。

そして日清戦争が終わって八年二カ月後の一九〇四（明治三十七）年二月八日、旅順港にいたロシア艦隊に日本海軍の駆逐艦が奇襲攻撃をかけ、日露戦争が始まった。

その後、旅順要塞攻囲戦、黄海海戦、旅順攻略戦、奉天会戦などの厳しい戦いを勝ち抜き、最終的には日本海海戦で日本がバルチック艦隊を撃破して圧倒的な勝利をおさめ、ロシアの南下政策を挫いたのだった。

日本がバルチック艦隊を打ち破るなどとは予想していなかった列強諸国は驚愕した一方で、ロシアの脅威にさらされていたトルコや、ポーランド、フィンランドなどロシアに編入された地域はもちろん、白人国家による植民地支配に甘んじていたアジアの国々の人々に大きな勇気を与えることとなった。

西欧列強に「分割統治」されたシナ

一方、シナは白人列強に、まるで「分割統治」のように侵略されていった。先鞭をつけたのは、他ならぬイギリスだった。

シナでの清王朝の統治に衰退が見られるようになった頃に始まったのが「三角貿易」だった。

それまでイギリスと清の貿易は、イギリスが清から茶、絹、陶磁器を輸入していた。それを担っていたのはイギリス東インド会社だった。しかし、一八一三（文化十）年にはインド貿易の独占権が廃止され、一八三三（天保四）年にはシナ貿易の独占権も廃止された。その後はジャーディン・マセソン商会がイギリスの対シナ貿易の中心的役割を果たすようになった。

そこで行われたのが三角貿易だ。清はイギリスに茶・絹・陶磁器を輸出、その対価として銀がイギリスから清に支払われた。しかし、その収支は次第にイギリス側の赤字に転じていった。そこでイギリスはシナ貿易の赤字を回収するために、インドのアヘンを清に売って銀を回収した。このため清にはアヘンが蔓延してしまった。そこで清は、当然ながらアヘンを厳禁とし、持ち込まれたアヘンを廃棄した。このことが一八四〇（天保十一）年、アヘン戦争を勃発させる発端となったのだ。

清はシナの王朝の伝統である「朝貢・冊封体制」をとって、対等な関係を認めずイギリスによる貿易の改善を拒否してきていたが、アヘン戦争に敗北し、一八四二（天保十三）年の南京条約によって自由貿易を認め、朝貢貿易を放棄せざるを得なかった。

また南京条約では香港島もイギリスに割譲した。そしてこれ以降、清は次のように、欧米列強と次々と不平等条約を締結させられることになる。

一八四四年　望厦《ぼうか》条約（米）、黄埔《こうほ》条約（仏）
一八五八年　アイグン条約（露）、天津条約（英、米、仏、露）
一八六〇年　北京条約（英、仏）、北京条約（露）
一八八一年　イリ条約（露）

一八八五年　天津条約（仏）

そして一八九四（明治二十七）年、日清戦争に敗れた清は天津条約によって朝鮮の宗主権を失った。さらに一八九八（明治三十一）年からは、欧米列強による租借地が急増し、列強によって清は分断された。それに加えて、欧米列強は日清戦争で敗北した清に生じる賠償金に目をつけた。

前述のように、フランス・ドイツ・ロシアの三か国は、いわゆる「三国干渉」で日本に遼東半島の返還を迫る一方で、その代償として賠償金の増額を日本に勧めた。そして三か国は、対日賠償金の支払いで生じる清の財政悪化につけこんで借款供与を申し出て、その見返りとして、ロシアは満洲からモンゴルを、ドイツは山東省を、フランスは広東省と広西省を獲得した。

イギリスも便乗して長江流域を獲得。さらにロシアは旅順・大連・関東州など、フランスは広州湾、ドイツは青島・膠州湾、そしてイギリスは九龍半島・威海衛を次々に租借地としていった。南北戦争で清のパイ取り合戦に出遅れたアメリカは、機会均等を訴えて門戸開放宣言を発し、国際共同疎開の設置を謀《はか》った。

こうしてシナは、まさに欧米列強によって分割統治される状況となったが、それに対してシナの若い知識人たちは、日本の明治維新に倣って、清が立憲君主制をとるべきだと主張。近代化を目指す「変法自強運動」を唱えて、一八九八（明治三十一）年には光緒帝と共に政権を奪取した。

しかし、西太后による保守派クーデターによって失敗に終わり、その後、西太后は清の「ラスト・エンペラー＝愛新覚羅溥儀《ふぎ》」を皇帝として擁立したが、三日天下で終わってしまった。

一八九九（明治三十二）年には、治外法権を持つキリスト教会やキリスト教徒の排撃と外国軍の侵略を攘夷しようと義和団が蜂起し、「扶清滅洋《ふしんめつよう》」のスローガンで外国人を排撃した。しかし、その義和団の乱も略奪の暴徒と化した。

西太后は義和団に乗せられ、一九〇〇（明治三十三）年に列強に宣戦布告をしたものの、日本を含む「八か国連合軍」に北京を占領され、外国軍の北京駐留を認める「北京議定書」を結ばされ、逆に清の植民地化が進む結果となった。

西太后の死後、清政府は近代化に舵を切る。一九〇五（明治三十八）年には科挙を廃止、六部（中央政府の行政を分担した六つの官庁）を解体、一九〇八（明治四十一）年には憲法を発布して議会の開設を約した。

清政府は一九一一（明治四十四）年には内閣を設置した。しかし求心力は回復できず、孫文ら漢民族の革命勢力による「清朝打倒運動」が勢力を増した。そして同年十月には武昌での武装蜂起をきっかけに辛亥革命が勃発、モンゴルでも十二月に独立運動が起こった。満洲とチベットでは蜂起はなかったが、清朝は内部崩壊し、一九一二（明治四十五）年には南京に中華民国が樹立され、宣統帝（溥儀）は二月十二日に退位して清朝は滅亡した。

「反日」の暗黒大陸と化したシナ

当時のシナの状況については、ラルフ・タウンゼントがG・P・パットナム社から出版した『Ways that are dark：The truth about China』（邦訳『暗黒大陸中国の真実』芙蓉書房出版）に詳細が書かれている。友人のマイク（評論家の宮崎正弘氏）は、この本を次のように評している。

〈ラルフ・タウンゼントという人物は以前から識者の間で知られていた。日本を擁護し、真珠湾攻撃直後に「反米活動」で逮捕され、一年間投獄されたアメリカの良心。タウンゼントは米国の上海領事館副領事から福建省で副領事をつとめたが、ジャーナリストでもあったので、観察が鋭く、汚染された河と汚い小舟しかない当時の中国を旅行した〉

この本は一九三三（昭和八）年の作品で、タウンゼントが米国大使館上海副領事として、日々、「かの猥雑なペテン師だらけの国」で実際に目撃したできごとと、直接体験から考えに考えたシナ論を展開し、日本の経営する満洲こそ、シナ人にとって天国ではないかと、その目で見た事実を報告している。

同書には、「中国人はただ働けて束縛されずに生きられれば、どんな旗がはためこうとまったく気にしない。懐《ふところ》具合が良くて家族が無事でいればあとはどうでも良いのである」と記されている。だから「満洲は中国人にとって天国」となった。事実、日本が経営した満洲の評判を聞いて数十万の漢族が入植した。学校は日本人より中国人のほうが多かった。元も清も、いや唐でさえ異民族王朝である。吐番《とばん》、月氏《げっし》、突厥《とっけつ》、金と、数え上げればきりがない。異民族の王朝が三百年続いても、漢族は気にしていなかったのだ。

同書で、タウンゼントは次のようにも書いている。

〈辛亥革命が起こると中国全土がますます混乱し、満州にも火の粉が飛んだ。日本も対岸の火事では済まされなくなった。満鉄と周辺の権益を保護するため、兵力を増強せざるを得なくなったのである。

混乱に乗じて満州に張作霖《ちょうさくりん》が現れ、中国政府に逆らい、満州を支配した。張は中国兵を放逐するため、中国人とは思えないほどの強力な兵力を整え始めた。

1928年、張作霖が暗殺され、遺産は無能な放蕩息子の張学良《がくりょう》に転がり込んだ。父の張作霖は慎重だった。日本に好意を持っていたわけではないが、かといって公然と敵対行為に出ることはなかった。日本人を脅かすこともあったが、政情定まらぬ国では普通にありえる程度のことで、日本が行動するほどのことではなかった〉

だが張学良が後を継いでからは事態が一変した。

張学良は、南京を拠点とする風見鶏の蔣介石と同盟を結び、シナの地に乗り出し、政治に手を出し、汪兆銘の「中央政府」を追い落とした。そして北京を乗っ取り、取れるだけ税をとった。また、南京中国中央政府に「手の者」を多数忍び込ませた。

それから「外務協会」と「北東文化協会」という反日プロパガンダ組織をつくり、盛んに活動を開始した。張学良の部下は新政策の一環として日本に次々と要求を突きつけた。大連と旅順の返還を迫り、条約を無視し、税金を取り立てようとした。たとえ父の張作霖の腹心であっても、反日政策に乗らない者を容赦なく追放し、暗殺した。日本に留学したというだけで追放し、虐殺した。父張作霖の子飼いの部下二人を麻雀に誘い、殺したりもしている。

満洲全土で日本人襲撃事件が多発した。張学良の狙いが何なのかはわからない。ただ、シナと関わりを持ったことで、一九二七（昭和二）年に政権を取った国民党の排外政策に同調したことだけは確かである。しかしこれが仇となり、張学良は権力を奪われ、満洲を追われる身となったのである。彼はその後、台湾で五十年も軟禁されていたが、二〇〇一（平成十三）年にハワイのホノルルで亡くなった。

「五族協和」の平和で豊かな満洲を実現

歴史に「もし」はないが、もし、張学良が、初めから負けるとわかっている戦を仕掛けないで、父・張作霖と同じように行動していたら、満洲に残れたかもしれない。そして「満洲国」は建国されずに、満洲もそのままの状態に置かれたかもしれない。

私がこれまでも何度か本に書いてきたように、日露戦争の陸での戦いは満洲が戦場だった。当時、満洲はロシアに占領されていた。日露戦争に勝った日本は、南満洲鉄道の経営権をはじめ満洲に権益を得た。ところが、その満洲は「無主の地」ともいうべきで、軍閥や匪賊が跋扈していた。

満洲は、朝鮮半島の北に位置する。すでに朝鮮半島は日本に併合され、朝鮮人は日本国民となっていた。その日本国民の朝鮮人の中には、新天地での「夢」を描いて、満蒙開拓のために満洲に入るものも多かった。また、日本本土からも南満洲鉄道の経営に伴って、多くの日本人が満洲に入った。

その満洲に侵略的に侵入してきたのが、張作霖と学良の親子だったのだ。特に息子の学良は満洲人たちを不当に扱い、反発を買っていた。満洲人の五つの軍閥の首領たちがいっしょに日本軍に張学良への対処を求めてきた。満洲事変勃発の背景だ。

こうして一九三二（昭和七）年に満洲国が、「五族協和・王道楽土」を理念として、いわば異民族の「合衆国」として建設されることになったのである。

清朝の「最後の皇帝（ラスト・エンペラー）」だった溥儀が、関東軍によって担がれ、執政に就任。そして一九三四（昭和九）年には、満洲国の皇帝として返り咲いた。

満洲は日本の安全保障に直結していた。

「五族協和」とは、簡単に言えば、満洲人、漢人、蒙古人、朝鮮人、日本人という五つの民族が、「協力し和していこう」という理念だ。これは決して、とってつけたような「大義名分」ではない。「和」の国である日本は、国内で異民族が対立してきたような歴史を持って来なかった。人種が対立することのない「楽園」を、満洲の地に実現したかった。それは、建前ではなく本音であったろう。

「王道楽土」は、「武力による征服や支配の政治」ではなく、立派な君主の徳治による「仁政」によって「万民が幸福に暮らす国家の理想的姿」を実現しようとしたのであろう。

日本の場合は、天皇の存在によって、国としてひとつにまとまってきた。満洲にも、平和な理想郷をつくろうとしたのだった。実際、満洲国は大発展を遂げた。首都・新京などは、恐らく当時の日本のどんな都市と比べてもまったく遜色のない近代的な都市につくりあげられた。

新京は人口十二万の中規模都市だったが、第一次計画で五十万都市、一九四二（昭和十七）年には、なんと百万都市としての計画が推進された。特に電気・上下水道のインフラ整備、水洗便所などの衛生面に配慮した都市計画だった。

重要産業については、「一業一社」の特殊会社を設立して過当競争を回避した。主だった社として満洲中央銀行、満洲航空、満洲電信電話、満洲石油、満洲炭鉱など二十六社があった。「財閥入るべからず」が、産業育成の方針だった。

ちなみに私は、日本に来たばかりの頃、岸信介元首相に単独インタビューをしたことがある。満洲国で素晴らしい実績を達成していた岸に、直接話を聞きたかったからだ。

私は、当時から満洲国の発展に多大な関心を持っていた。日本の戦後復興の底力を知る上で、満洲国の発展はよい「ケース・スタディ」だと思っていた。

満洲の発展には、ダム建設による電力開発が重要だった。日本は、大東亜戦争の最中にも満洲にダムを造っていた。有名な豊満ダムは、水量調節（洪水防止）、灌漑《かんがい》、飲料水、工業用水、発電などに利用できる多目的ダムとしては、東洋で最初にして最大級、世界的にも有数のダムだった。二〇一八（平成三十）年にその豊満ダムが爆破解体された時、「朝日新聞デジタル」は、次のような記事を掲載した。

豊満ダム、爆破　旧満州国が建設　当時はアジア最大級

中国吉林省吉林市で12日、日本の傀儡《かいらい》国家だった満州国の時代に建設された豊満ダムの爆破解体が始まった。松花江をせき止める長さ約1・1キロ、高さ約90メートルのダムは当時、アジアで最大級といわれ、戦後も中国で利用されてきたが、新しいダムに役割を譲る。

豊満ダムは1937年に着工。治水や発電が主な目的で、戦時中から一部の発電設備の利用が始まった。

建設後の松花江の水温の変化によって、冬には立ち上った霧が川辺の木の枝に着いて氷結する「霧氷」が現れ、観光名所となった。

戦後も利用が続き、90年代には国際協力事業団（現・国際協力機構）が修復調査に協力。しかし老朽化が進んだため、解体が決まった。作業は来年4月まで続く。このダムを管理してきた電力会社が、120メートル下流に新しいダムを建設し、ほぼ完成している。
豊満ダムの建設工事では多くの中国人が過酷な労働環境下で命を落とした。ダムの近くには戦時中に慰霊塔が建てられた。現在は発電所の敷地内に博物館があり「日本の侵略者が中国同胞の血肉を用いて建造したものだ」と説明されている。今後、ダム壁の一部を保存し、観光用の展望台を設ける予定だ。（吉林＝平井良和）

（朝日新聞デジタル　二〇一八年十二月十三日付）

「日本の傀儡国家だった満州国」「中国人が過酷な労働環境下で命を落とした」など、朝日新聞らしい形容はさておき、立派なダムだった。そんなダムを、日本は大東亜戦争を戦いながら建設していたのである。実際にこのダムは、中共を「世界第二位の経済大国」に押し上げることにも、一役買ったことだろう。

　そもそも満洲は、万里の長城の外にある。そこは歴史的には、「化外の地」とされてきた。満洲国の皇帝は、「清朝の最後の皇帝《ラスト・エンペラー》」だった溥儀である。満洲国の建国や発展に、関東軍や日本が大きく関わったことは間違いないが、「五族協和」の理念で、漢人、満洲人、蒙古人、朝鮮人、そして日本人の合衆国を建設しようという大きな理想は、ダムの建設時に日本が戦っていた大東亜戦争の大義にも通底するものだ。

つまり、白人列強による植民地化からアジアを護り、アジアの『共栄圏』をつくることが日本の大義だったのだ。豊満ダムの偉容から日本の大義を感じることができた。

第八章

人類史に輝く日本の偉業

世界で初めて「人種差別撤廃」を訴えた日本

世界史の中で、日本は国際社会に対して最も早く「人種差別撤廃」を訴えた国である。そのことは、『英国人記者が見た連合国戦勝史観の虚妄』にも書いた。とても輝かしい実績だ。日本人は、もっとそのことを誇りに思ったほうがいい。

ジェラルド・ホーン著『人種戦争――レイス・ウォー――』(祥伝社)にも、そのことは言及されている。少々冗長だが、その内容を紹介しておこう。

〈第二次世界大戦の前から、日米間の緊張が高まっていた。カワムラ・ノリコは「太平洋戦争前夜、多くの人が白色人種と黄色人種の間での人種抗争――と言うより人種戦争――が勃発するのではないかと、予感していた」と、語る。ウィルソン大統領は「『白人文明』とその世界支配の未来は、我々のこの国を守る能力にかかっている」との考えに同意していた。(中略)。

日本がパリ講和会議で人種差別を撤廃することを国際連盟規約に盛り込むよう提案した時に、アメリカだけでなく、大英帝国、特にオーストラリアが強く反発して、反対した。

日本では、「多くの団体が、パリ会議を人種差別撤廃のために活用するべきだと訴えて、人種平等の運動を展開した。それは日本が中国と大義を共有できるという利点を有してぃた」からだった。日本では人種差別反対運動は、全国民の願いであり、上からの世論操作によるものではなかった。

ウィルソンは議長として、パリ会議としても知られるベルサイユ会議で、この日本提案を葬ったが、ウィルソンの側近は、「人種平等の原則など構わなかったことは明らかだ。ウィルソンは自分の国で人種平等原則に強硬な反対があることを熟知していた。我々の肩の荷を降ろすことを、イギリスに負わせるには策略を要したが、首尾よくいった」と語っている。

日本政府と国民は人種平等の理想が拒絶されると、侮辱だとして激昂した。昭和天皇は後にこう語っている。「大東亜戦争の原因は、第一次世界大戦後の講和会議にあった。日本によって提起された人種平等提案は、連合国によって拒まれた」。

アメリカ政府はベルサイユ会議の後、真実を曲げて日本をなだめようとした。プレッツェル国務長官はウィルソン大統領に、日本移民排斥の議論の中で、「問題は人種ではなく、経済的なものだと説明を試みる」と語った。日本人移民の数が多すぎて、働く場がないとした。一方、おびただしい数のヨーロッパ人の移民については問題にしなかった。ベルサイユ会議は太平洋戦争への道となった。多くの日本人はなぜ差別されるのか、理解できなかった。アメリカで教育を受けた知米派は、ベルサイユでのできごとをアメリカの裏切りだとして激怒した。

一九一九年に、東京のアメリカ大使館で「人種差別について話し合う会合が持たれた。大隈重信侯は、人種問題の解決こそが、将来の国家間の紛争を避けるために、不可欠だ」と伝えた。同じ年に、アメリカ国務省に情報がもたらされた。日本は「人種と色に関する現存する基準の撤廃、そして公正な代替基準を求めている。幾人かのジャーナリストは、もし人種平等が実現できないのなら、講和会議や国際連盟からの脱退を提言するほどだった」。この会合で、アメリカ政府は「一〇億人の有色人種の頂点に立つ日本は、白人に対抗することで、いっそう力を増そう」との警告を受けた。

アメリカ政府はこのジレンマからもがき出ようとした。東京のアメリカ大使館は「公式声明」を発表した。「日本の人種平等提案が認められなかったのは、残念である。これはイギリスとアメリカの代表団が抱いていた恐れに起因した。提案は移民のみならず、当該国における対象人種となるインド人や、黒人の扱いに関わる問題だからである」と述べている。

あるイギリスの将校は「極秘」文書の中で「日本の人種平等提案は、『非現実的』だ。すべての人が平等に創造されたというのは、特定の国のあいだでは、あるところまで真実だが、アフリカの人間が、ヨーロッパ人と平等につくられたとは言えない」と述べている。

日本人はこのことを、仕方なく受け入れようとしなかった。ベルサイユ会議でのことから、不穏な空気が醸《かも》された。日本で六年間英語を教えたフランシス・ヒューイットは、「当時、カリフォルニアでは排斥法が成立して、白人に対する怒りの空気が満ちていた。白人がリンチにあったりし、アメリカ人や、アメリカ人と間違われた他の白人も暴行されたりした。私も被害を受けたし、私の友人も何度か襲われた」と、語った。彼女は「日本は、日本人が白人と平等であることを世界に認識させるために、国際連盟の力を最大限に試すことだろう。それが達成された瞬間に、白人世界の終焉が見えてくる」と、語った〉

ジェラルド・ホーンは、アメリカの黒人大学教授だ。そもそも学術論文なので、ジャーナリストの私からすると回りくどい。また、公的な立場にある有力人物の発言と一般人の発言を並立するところも気になる。さらに、人種差別をするワケではないが、本人が黒人教授であるところも多少割り引いて読む必要もあるだろう。

ただ、ホーン教授が、日本が国際連盟規約に人種差別撤廃の条文を入れようとしたことに言及している点は高く評価したい。

同書はまた、「アジアの黒人―親日に傾倒するアメリカのニグロ」と題して、いかに黒人たちが日本人を高く評価していたかについて、ひとつの章を割いて言及している。

〈日本は太平洋戦争が勃発するまで、疑いもなく黒人《ニグロ》によって、どこよりも最も賛美された国だった。

日本が黒人社会のリーダーたちの支持を得ようと努めるかたわら、黒人は日本を「純血の白人しか先進社会を建設することができない」という、「白人の優越《ホワイト・スプリーマシー》」を覆《くつがえ》す生き証人として、拠りどころとした。この事実は、いまでは忘れ去られているが、様々な理由によって説明できる。

アメリカは黒人と日本の絆《きずな》を、いうまでもなく脅威としてとらえた。日本が香港に進攻しても、イギリスは人種差別と正面から向き合うことがなかった。しかし、アメリカ政府にとっては、国家の安危に関わる国内問題だった。アメリカはイギリスよりも、人種問題に対して厳しく対応しなければならなかった〉

〈一八九八年にアメリカはスペインと米西戦争を戦って、太平洋に進出した。この時に、アメリカはそれまで頼っていた黒人部隊に、もう頼れなくなることを恐れた。『フィリピン遠征軍から黒人兵を除くこと』が、真剣に検討された。フィリピン人とアメリカの黒人には、有色人種として心情的な絆があった。しかし、この懸念は黒人が、日いづる国《ザ・ライジング・サン》である日本の輝かしい台頭によって刺激され始めると、大したことではなくなった。

黒人は多くのアジア人同様に、一九〇五年の日露戦争での勝利以降、日本に惚《ほ》れこみ、日本の勝利は『白人の優越』の終わりの始まりなのだと、確信した。黒人社会のオピニオン・リーダーたちは、国内問題では論争しても、日本を慕う気持ちでは一つになっていた〉

戦後の日本人は、どうも「戦前」を悪と見做しているようだ。しかし、かつての日本は、有色人種の雄として、白人と対峙していた。そして、白人至上主義による「人種差別」と戦っていた。戦前の日本は、崇敬される程に、立派な国だったのだ。その誇りを、日本人は忘れている。

〈アメリカの黒人教育者W・E・B・デュ＝ボイスは、「七三二年に、フランク王国のチャールズ・マーテルが西フランスでサラセン軍を破って以来、白人が文明の覇権を握ってきた。日露戦争は新紀元《エポック》をもたらし、世界は『白い』呪縛から解き放たれた。黄色人が目覚め、褐色人と黒人がそれに続く、歴史の学徒なら疑いを持ちえない」と論じた〉

〈一九一二年に、アメリカ政府の報告書は、『この国の黒人が大きな関心と憧れをもって

従う人種は、日本人をおいて他にない。アメリカの黒人ほど深い敬意を、日本に抱いている民族はいない』と述べている〉

当時のアメリカ社会で、日本と日本人に対する黒人の評価は想像を絶する。奴隷として白人に虐待されてきた歴史があるから、なおさら有色人種が白人帝国のロシアを敗北させた衝撃は、とてつもなく大きかった。

「世界黒人地位向上協会《ユニバーサル・ニグロ・インプルーブメント・アソシエイション》」（ＵＮＩＡ）を主催したマーカス・ガーヴィーは、デュ＝ボイス以上に日本を称賛している。アメリカ政府は「黒日同盟」への警戒から、第一次世界大戦以降のガーヴィーの発言を情報部員に記録させていたという。講演でガーヴィーは、次のように述べた。

〈正義を求める我々の要求が認められなければ、黒人と白人の間で次の戦争が勃発する。黒人は日本に支援されて、勝利するだろう。（略）黒人はアメリカで不当に扱われている。白人を打倒するために、日本とともに戦おう〉

日露戦争の時代だけでなく、アメリカの黒人の日本支持は、第二次世界大戦前から爆発的な盛り上がりを示した。『人種戦争―レイス・ウォー―』は、またもう一つ別な章を設けて、その様子を論じている。

〈『ニューヨーク・アムステルダム・ニュース』のコラムニストのA・M・ウェンデル・マリエットはジャマイカ出身だったが、『日本人のもてなしは誇りと、思いやりに満ちたものだった』と回想し、一九四四年に日本の残虐行為が問題になった時には、『日本人がそんなことをするはずがない』と反駁した。このような感覚は、黒人に典型的なものだった。彼は『日本人が白人に残虐行為を行ったり、辱《はずかし》めを与えたりしたとしても、それは白人の有色人種に対する憎悪がもたらしたことにすぎない。日本人は白人に、彼らも同じ人間にすぎないということを、見せつけただけだ』と語った〉

同じ有色人種のアジア人でも、シナ人は嫌われ、日本人は好かれていた。それは、シナ人が白人に擂《す》り寄るのに対し、日本人が毅然と白人と対決する姿勢を示したからだった。

〈デュ＝ボイスは、晩年には共産中国の熱心な支持者となったが、一九三〇年代には中国について批判的だった。（略）デュ＝ボイスは、一九三六年に上海を訪れた時には、日本は

『白人の優越』と断固として戦っているが、中国は臆病であると確信した。日本の中国への侵攻を非難する中国のリーダーたちは、民族の誇りについて問われると、お茶を濁した。ふだんは饒舌だったが、彼のアメリカの白人による残虐行為に関する質問には、答えようとしなかった〉

〈デュ＝ボイスは、他の黒人と同じように、中国が大英帝国に対して不思議と従順であるのに、日本に対しては激昂《げっこう》することに、気がついた。それは、多くの黒人が同じ黒人を鋭く批判するのに、白人のアメリカ人に対しては、卑屈に媚《こび》を売る態度に出ることを思い起させた。

白人勢力に擂《す》り寄り、恭順の意を示す中国人のあり方は、徹底対決をする日本と対照的だった。このことは多くの黒人に、中国に対して不信と嫌悪感を抱かせた。

デュ＝ボイスは、上海で中国のリーダーと昼食を共にする機会があった。そこで『日本に対する中国の姿勢は、理解できる。西洋の帝国主義から、徹底抗戦してアジアを守ろうとする日本の強硬路線に与《くみ》しないことはよいとしても、中国のイギリスに対する穏便としかいえない姿勢は、理解しがたい』と述べ、『日清戦争の本質的な要因は、中国が白人の侵略に対して恭順を示す一方で、日本が白人の侵略に対して立ちはだかったことにある。中国の姿勢は、まるでアジア版の『トムおじさん《アンクル・トム》』、つまり白人に媚びを売る黒人《ホワイト・フォークス・ニガー》と、まっ

たく同じ精神構造ではないか』と、批判した〉

実はアメリカには、「ジム・クロウ法」というものが、一八七六年から一九六四年まで存在した。これは、黒人奴隷を「解放」するための法制であったのだが、「人種差別」という観点では、これが逆に白人至上主義を、法的に正当化することになった側面がある。

「ジム・クロウ法」とは、アメリカ南部諸州の州法を総称して呼んだ表現だが、その内容は、黒人の一般公共施設の利用禁止、制限を法制化したものだった。

これは人種差別法案とも言うべき「ワンドロップ・ルール（一滴規定）」に基づいていた。つまり、「黒人の血が一滴でも混じっている者はすべて黒人とみなす」というものだ。

その由来は、南北戦争後の「南北統合期（レコンストラクション期）」に、南部十一州が、黒人の「準奴隷システム」とも言える「ブラック・コーズ（黒人取締法）」を制定したことにあった。

南部諸州では、経済が黒人の労働力に依存していた。それだけに「黒人が白人と平等になってもらっては困る」という白人農園主たちの本音があった。これが「ジム・クロウ法」の制定の背景だった。

第二次世界大戦が終わると、それまで植民地で労役に従事し、搾取されていた有色人種が次々と独立戦争を始め、白人列強の宗主国も、その勢いを止めることができなくなった。その有色人種の、白人支配からの独立という気運が、アメリカ国内でも高まったのである。「ジム・クロウ法」は、人種差別であると裁判闘争が行われ、公民権運動が活発化した。

そして東京オリンピックが開催された一九六四年七月二日、ついにリンドン・ジョンソン政権は、「公民権法」を制定し、南部各州にあった「ジム・クロウ法」は即時廃止となった。

ちなみに「ジム・クロウ法」と総称されたが、各州で黒人はどのように法律で差別されていたのか、その例をいくつか掲げよう。

アラバマ州法

病院　白人女性の看護師がいる病院には、黒人男性は患者として立ち入れない。

バス　バス停留所には白人用と有色人種用の二つの待合場が存在し、乗車券売り場も白人用と非白人用があり、さらに座席まで分けられていた。

電車　人種ごとに車両が選別されるか、同一車両内でもバスと同様、人種ごとに席が分けられた。

レストラン　白人と有色人種が同じ部屋で食事ができるようなレストランは違法になることもあった。

フロリダ州法

結婚　白人と黒人の結婚は禁止された。四世代前までに黒人の血が一人でも含まれれば（十六分の一）、純粋な黒人と同様『黒人』として扱われた。

交際　結婚していない黒人と白人（結婚自体既に禁止されているが）は一緒に住んではならないし、ひとつ部屋で夜を過ごしてもならない。この犯罪には十二カ月以上の禁固刑、もしくは五百ドル（当時）の罰金が科せられた。

学校　白人学校と黒人学校は厳密に分けられた。

ミシシッピ州法

平等扇動罪　パンフレット・出版・公共場での演説などで社会的平等・異人種間結婚を奨励すれば、六カ月以下の懲役、もしくは五百ドル以下の罰金。

それらの州以外にも、ジョージア州、ルイジアナ州、ノースカロライナ州、ワイオミング州が似たような法律を持っていた他、ほとんどの南部州では、過剰な投票税をかけるなどして、黒人が投票するのを防ごうとした。

話を元に戻すが、アメリカの黒人の中国人批判は、かなり激しいものだった。『人種戦争——レイス・ウォー——』には、次の様な記述もある。

〈シンガポール陥落の数週間後、『ピッツバーグ・クーリア』紙は一面で、次のように論陣を張った。『日本人と中国人を比べたら、黒人は日本人を好む。中国人は最低の「アンクル・トム」で、史上最高の太鼓持ち《ストゥージズ》だ。この国で、中国人がちょっとした中華料理屋を構えると、まず初めにするのは「黒人お断り」の看板を出すことだ』と、痛烈に皮肉った。

戦争が始まった後のユタ州オグデンの状況について、保守派のジョージ・シュイラーは『黒人兵が食事をとれるレストランは、二つしかない。どちらも日系人が経営している。もし、「アンクル・トム」の子どもたちが地元でホテルに泊まりたいなら、これまた日系人のホテルに行くしかない。これは、どう考えても、皮肉なことだ』と論評した。

中国人についてこうした痛烈な新聞の論調《エディトリアル・オピニオン》は、目新しいものではなかった。一九三七年の南京陥落の後、日本が大英帝国へ攻撃を準備している頃に、黒人の論説委員が、日本の中国進攻を肯定する社説を書いている。それに対して黒人共産党員のジェームズ・フォードは批判記事を書いたが、あまりに共産主義寄りな論調であり、当時の圧倒的な日本支持の黒人世論に反するものだった〉

日本は、アジアで植民地支配を実質的に受けていない独立主権国家で、実力的に白人欧米列強に対峙できた世界で唯一の国家だった。

日本は、いわば白人列強に、有色人国家の代表として、白人列強の人種差別、植民地の搾取に「ノー」と言った国でもあった。そこが、黒人をはじめアジアで植民地支配を受けていた多くの民族に、圧倒的な畏敬と支持を得た理由だった。

特に、アジア諸国の独立については、「日本人が、そのために自らの血を流した《シェッド・ザ・ブラッド》」ことが大きかった。

大東亜戦争は自衛戦争であり、アジア解放の戦争でもあった

『人種戦争――レイス・ウォー――』では、西太平洋諸島（日本の「南洋群島」）の様々な民族、オーストラリアの先住民族、アジアの植民地の諸民族が、日本人と日本軍に対して、多くの共鳴や歓喜の声を上げていることが引用されている。

しかしここでは、同書の第八章「『白人《ホワイト》の優越《スプリーマシー》』と戦うアジア諸民族――東南アジア、インドで始まる差別からの解放」に紹介された、日本への共鳴と支持を紹介しよう。

〈『白人の優越』は、南太平洋だけでなく、マレー半島からインドまで君臨していた。日本が一九〇五年の日露戦争で勝利したことに、フランスの植民地支配に苦しむベトナムの愛国者も、アメリカの黒人《ニグロ》と同じように、歓喜した。この興奮は、大英帝国の心臓部にあたるインドにも伝播した。

日本と手を組み大英帝国と戦ったインドの英雄スバス・チャンドラ・ボースは、「一九〇五年に日本がロシアに勝利したことは、アジア再興の前兆だった。その勝利は日本人のみならず、インドを揺るがす歓喜を巻き起こした」と、東京での講演で訴えた。

後に、世界最大の民主国家の建国の父の一人となったネルーも同様に、日本の勝利を熱狂して迎えた。「日本に関する多くの本を買って読み」、叡智の手本とした。日本の勝利は「アジア諸民族を、日本に続けと奮起」させた。ネルーはアジア諸民族と同じく、日本へ留学する中国人が、一九〇二年の五〇〇人から、一九〇六年には一万三〇〇〇人まで増加したことに注目した〉

インドの独立のために戦ったのは、ＩＮＡ（インド国民軍）を創設したチャンドラ・ボースが有名だが、同書は別のリーダーとして、Ｒ・ビハリー・ボースにも触れている。

彼は、新宿中村屋に本格的なインドカレーを紹介し、中村屋の娘と結婚したことで有名だが、一九二六（大正十五）年に長崎で第一回の『亜細亜民族会議《カンファレンス・オブ・パンアジアニーズ》』を開催。その会議には、中国人、ベトナム人、インド人などが参加、彼は会議でインドの役割として、アジアを親日感情の基地とするためにインド人がひろくアジアに散る《ディアスポラ》ことを提唱したとしている。

また同書は、マレーシアの首相マハティール・モハメッドについても言及している。

〈マハティールは『日本による占領は、我々を一変させた』と言い、『日本軍は物理的にイギリス軍を排除したのみならず、我々の世界観を一変させた』と、語った。

マハティールは日本語を学び、親日政策を貫いた。『日本の学校に行き、日本語を身につけようとした者にとって、日本の占領は苦しみではなかった。もちろん中国人は、迫害され、殺されたり、捕らえられたりした者も多かった』

そしてマハティールは『今日も、日本人の中に、日本のアジア占領がアジア地域への侵略ではなく、アジアをヨーロッパの植民地支配から解放しようとしたものだという者がいる。この主張は、真実だ。日本の進攻によって、我々はヨーロッパ人が、絶対的なものではないのだと、知った。ヨーロッパ人も、負かせるのだ、彼らも同じアジア民族―日本人―の前で、卑屈になると、わかった』と、日本の右派の主張に賛同した〉

日本は、欧米のアジアの植民地を占領し、日本の将兵が、それこそ宣教師のような使命感に駆られて、アジア諸民族を独立へと導いたのだった。

日本は、アジア諸民族に民族平等というまったく新しい概念を提示して、あっという間にその目標を実現させた。植民地支配という動機とはまったく異なっていた。日本はアジア諸民族が独立することを切望していた。これはまぎれもない事実である。アジアの諸民族にも、独立への期待が強くあったのだ。

西洋人はこうしたまったく新しい視点から世界史を見直す必要がある。西洋人はこうした史観を持っていないし、また、受け入れてもいない。

日本軍は大英帝国を崩壊させた。イギリスの国民の誰一人として、そのようなことが現実に起ころうなどとは夢にも思っていなかった。それが現実であると知った時の衝撃と、屈辱は察して余りある。

ヒトラーがヨーロッパ諸国を席捲して、大ゲルマン民族の国家を打ち立てようとしたことも衝撃的だったが、それでも、ヒトラーは白人のキリスト教徒だった。われわれは自分たちと比較できた。

しかし、唯一の文明世界であるはずの白人世界で、最大の栄華を極めていた大英帝国が、有色人種に崩壊させられるなど思考の範囲を超えていた。理性によって理解することのできないできごとだった。『猿の惑星』という映画があったが、まるでそれと同じようなことが現実に起きたのだ。人間＝西洋人の真似をしていた猿（有色人種）が人間の上に立つ、それが現実となったらどのくらいの衝撃か想像できよう。日本軍はそれほどの衝撃を、イギリス国民に与えた。いや、イギリスだけではない。西洋文明そのものが衝撃を受けたのが大東亜戦争だったのである。

大東亜会議は人類史上初の有色人サミット

『人種戦争──レイス・ウォー──』は、大東亜会議や東京裁判についても言及している。しかし私からすると、同書での紙幅が相対的に少なく残念な思いもある。大東亜会議や東京裁判について、私はこれまで十数冊の本で論じているので、ここでは重複を避けるために、要点だけを指摘しておきたい。

大東亜会議は、「人類史上初の有色人サミット」であったことは、まぎれもない事実で、またアジア各国の代表（大統領や首相）によるスピーチは、今日聞いたとしてもまったく立派な内容である。アジア共栄圏をつくろうと、アジア各国の元首が演説をしているのだ。

まさに、「人類史上初の有色人サミット」であった。

二〇一五（平成二十七）年四月に、インドネシアのジャカルタにおいて、アジア・アフリカ（A・A）会議六十周年記念会議が開幕し、当時の安倍晋三首相をはじめ世界百九の諸国と地域の首脳が集結した。そのA・A会議は、大東亜会議なしには、もたらされなかったと言えるだろう。

一九四三（昭和十八）年十一月に、戦時下の東京において、フィリピン、ビルマ、インド、タイ、シナの南京政府、満洲国の首脳と、日本の首脳が一堂に会して『大東亜会議』が開催された。

当時の連合国は、大東亜会議を「日本が占領地の傀儡《かいらい》を集めて行った会議だった」と嘯《うそぶ》いている。

しかし、東京に会した、日本によって解放されたアジア諸国の指導者は真の愛国者であり、今日でもこれらの諸国において崇められている。

インドの英雄チャンドラ・ボースは、〈日本はアジアの光である〉と述べた。

フィリピンのラウレル大統領は、次のように説いた。

〈人類の歴史を振り返る時、このような大東亜諸民族の会議が開催されるべきであっただけに、有史以来、われわれが今回初めて一堂に会したことに深い感動に満たされる。世界へ向かって、われわれが圧迫、搾取、圧政の悲運に再び見舞われることなく、十億のアジア人民が強国の支配と搾取の犠牲にならないことを高らかに宣言しよう〉

ビルマのバー・モウ首相は、こう説いた。

〈私はこの会議に参加して、どのように深い感動を表したとしても、言いすぎることはない。私は多年、ビルマにおいてアジアの夢を見続けてきた。私のアジア人としての血が、つねに昼となく夜となく、他のアジア人に呼び掛けてきた。自分のなかで呼び掛ける声を聞いてきたが、この会議においてはじめて、夢ではないアジアの声を聞いた。

大東亜戦争前においては、とうてい今日のごとき会合を、考えることができなかった。アジア人が一堂に集まることができなかった。いま、私はアジア人のためのアジアの機構が形成されつつあるのを現実として見ている。

この会議によって不可能な夢が実現した。これまで、われわれのなかの、もっとも大胆な夢想家でさえも夢想することができなかった形で現実となっている。

千六百万人のビルマ人が、独立を求めて闘ってきたが、つねに失敗に終わった。それでも、われわれの愛国者は、何代にもわたって奮起し、民衆とともに打倒イギリスに邁進した。

だが、われわれの敵に対する反抗は仮借なく蹂躙された。今より二十年前に起きた全国的反乱では村々が焼き払われ、婦女子が凌辱され、志士は投獄、あるいは殺され、または追放された。それにもかかわらず、独立への焔はビルマ人全員の心のなかに燃え続けた〉

また、世界的に有名な歴史家のアーノルド・トインビーは、一九五六（昭和三十一）年に次のように論じた。

〈日本は第二次世界大戦において、自国ではなく、大東亜共栄圏の諸民族に思いがけない恵みをもたらした。

それまで、アジア・アフリカを二百年以上の長きにわたって支配してきた西洋人は、無敵で、あたかも神のような存在だと信じられてきたが、日本人は人類の面前でそうではなかったことを証明してしまった。これはまさに歴史的な偉業であった。

日本人は白人のアジア侵略を止めるどころか、帝国主義と植民地主義と人種差別に終止符を打つことをなしとげた〉

極東国際軍事裁判は人種差別の法廷だった

東京裁判が、いかに不当な、国際法に基づかないメチャクチャな『復讐劇』であったかも、私はこれまで縷々述べてきた。だから、ここではジェラルド・ホーンが著書で取り上げた点をご紹介したい。

ホーン博士が、「東京裁判は、人種差別法廷であった」とする視点は、実に面白く正鵠を射ている。

〈東京裁判はヨーロッパで行われた裁判と、まったく違うものだった。コシロ・ユキコは、述べている。

『東京裁判法廷は、法概念、人員、歴史認識において、白人至上主義であり、また一部の研究者が言うように、人種差別的なものであった』

オランダのB・V・A・レーリンクは、この重要な裁判における十一人の判事の一人だった。彼は『人種差別が、太平洋戦争が勃発した一因だった』と、断定している。

東京裁判ではニュールンベルグよりも四人多い、十一人の判事によって裁判が行われ、また被告も二十八人と、ニュールンベルグよりも五人多かった。だが、これだけが二つの裁判における違いではない。

コシロは『ヒトラーを弁護する者は、誰もいなかった。不可能だったからだ。ユダヤ人とジプシーを大虐殺《ジエノサイド》した男の弁護など、できない。

日本はまったく違った。日本人はアジアにおける日本の行為を弁護した。日本はアジアを解放して、世界を変えたのだ。この点において、日本は正しかった。東京裁判はきわめて複雑だ。ニューールンベルグ裁判は、ヨーロッパ大陸を支配するための明確な侵略だったと決めつけることができたが、東京裁判はそうはいかなかった』と、述べた。

レーリンク判事は、首相や閣僚経験者を含む多くの日本人指導者を観察した。レーリンクは、驚くほど同情的に『四半世紀もたたぬうちに、国連はまったく逆のことをした』と、述べた。国連が植民地支配を糾弾したという意味だ。

アメリカはニューールンベルグより、東京裁判を真剣に扱った。ヘンリー・スチムソン陸軍長官は東京裁判の審判が、アメリカにおける不当な黒人の扱いに適用されることを、恐れていた。

私はレーリンク判事の見解にすべて賛同するわけではないが、その見解が『心から植民地支配を憎んだ』インドの判事によって支持されたことは、特筆に値する。

インドのパル判事は、数百年前にアジアを侵略し、植民地とした白人が、アジア人に対して行ってきたことを、強く憤っていた。日本が欧米による植民地支配からアジアを解放し、アジア人のためのアジアを建設するというスローガンは、彼の琴線に触れた。彼は日本軍とともにイギリスと戦ったインド国民軍を、支持していたこともあった。

ラダビノード・パル判事は、法廷に入ると、被告席に向かって恭《うやうや》しく頭を下げて敬礼した。彼にとって被告たちは、アジア解放を実現した者たちだった〉

私は、ジェラルド・ホーン教授の「大東亜戦争《パンエイジアン・ウォー》は人種戦争であった」との仮説はまさに正鵠を射た「正論」であると思った。ホーン教授は次の様にも論じている。

〈戦後、昭和天皇は、『太平洋戦争の原因として、人種問題があった。列強は、第一次大戦後のパリ講和会議で、日本代表が訴えた『人種平等提案』を、却下した。その結果、カリフォルニアへの移民拒否や、オーストラリアの『白豪』主義にみられるように、白人至上主義が続いて有色人種に対する差別が続いた。日本人が憤慨した充分な根拠がある』と、述べた〉

第九章

共産党の「国」は、侵略と虐殺でつくられた

蔣介石と毛沢東の覇権争い

万里の長城より南のシナは「シナ本部」と呼ばれた。清朝が滅びた後の「シナ本部」も、満洲と同様に「無主の地」となっていた。そこで覇権を争ったのが、蔣介石の国民党政府と毛沢東の共産党だった。

国民党が発足したのは、一九一九（大正八）年だった。孫文を中心に再編され、一九二四（大正十三）年一月には第一回の党大会を開催した。「連ソ・容共・扶助工農」（新三民主義）が党の方針だった。一方で、中国共産党はソ連のコミンテルンの指導の下、陳独秀を総書記にして、一九二一年（大正十）七月に上海で結成されている。

そして一九二四（大正十三）年の一月に、共産党と国民党は「反軍閥・反帝国主義」で共闘を約した。いわゆる「第一次国共合作」である。しかし、マルクス・レーニン主義を掲げて労働者・農民の解放と無階級社会を目指す共産党と三民主義を掲げてブルジョワ革命で民主政治の確立を目指す国民党が共闘するのは、当然のごとく困難だった。

蔣介石は、一九二六（大正十五）年七月から国民革命軍の総司令として軍閥を打倒するために「北伐」を開始した。一方の共産党は一九二七年一月に「武漢政府」を樹立。政府主席に汪兆銘が就任した。

この動きに対して蔣介石は、同年四月、南京に国民政府を樹立。さらに、上海クーデターにより共産党は「国共分離」を宣言し、第一次国共合作は崩壊した。

共産党（コミンテルン）は「紅軍」の育成を強化し、一九二七年八月には毛沢東が「武力で政権を打ち立てる」方針を提案、党の方針として決議された。そうしたシナの激動の中で一九二八（昭和三）年五月に「済南事件」が勃発する。

山東省の済南で多数の日本人居留民が蔣介石の国民革命軍に暴行され、虐殺された。男女共に多くの死体に凌辱が加えられていた。それに対し、日本軍守備隊が応戦し、国民革命軍を撃退したが、蔣介石は日本軍の一方的な攻撃で甚大な被害が出たと海外に宣伝した。その翌月に起こったのが、「張作霖爆殺事件（奉天事件）」である。さらに一九三一（昭和六）年九月には柳条湖事件が起こり、満洲事変が勃発した。

その一方で、毛沢東は同年十一月に瑞金に中華ソヴィエト共和国を樹立して主席に就任。蔣介石は北伐を完了して「中原」をほぼ統一しつつあった。

そんな中、一九三四（昭和九）年十月から一九三六（昭和十一）年十月まで、共産党による「長征」が始まる。長征というと聞こえがいいが、実際は蔣介石に追撃され、毛沢東は瑞金から逃げ出した。共産党は六万五千の兵力を失い、西部奥地のソ連国境付近の延安へと逃れた。国民党の圧勝だった。

そして一九三六年十二月十二日に「西安事件」が発生する。「反共より抗日を優先しよう」とする張学良が蔣介石を投獄、監禁したのだ。蔣介石は中国共産党の周恩来と会見。国共合作を約束させられた。

「国共合作」が成立し、日本はシナ大陸の泥沼に嵌ってゆく。一九三七（昭和十二）年は、そうした日本にとっても重大な年となった。

蔣介石の中華民国・国民政府との戦いを余儀なくされた日本だったが、上海の日本人租界を突然、国民党の大軍に攻撃されたのだ。

それに対して日本軍は、日本人救出のために上海近郊に上陸し、大被害を受けつつも租界を守り抜き、反転攻勢に転じて、敵の首都・南京を攻略した。このあたりの詳細は後述するが、まずは日本が降伏して以降のシナの状況を把握しておこう。

大東亜戦争後の米軍によるシナ占領

一九四五（昭和二十）年八月十五日、大東亜戦争は終戦を迎えた。するとほどなくして、シナでは、毛沢東の共産党と蔣介石の国民党が内戦を勃発させる。

アメリカは、大東亜戦争以前から蔣介石の国民政府を支援していた。終結時には、抗日戦で疲弊した国民党軍に大量の援助を行った。空路、海路から約四十万の国民党軍兵士と五万のアメリカ軍海兵隊が華北に上陸し、北京、天津などの重要都市を占領した。アメリカ軍の北上作戦は、公式には日本軍の武装解除と掃討を目的とするとされた。しかし実際には、主要都市や輸送ルートが共産党軍の手に落ちるのを防ぐことにあった。アメリカ軍は次々と炭鉱や鉄道などを接収していった。

アメリカ軍の方針は、国民党の主導で民主的にシナを統一することだった。「紅軍」と「国民党軍」が内戦に発展することは極力回避するつもりだった。

シナ駐留軍総司令官のアルバート・ウッディーマイヤー中将は、アメリカがシナに駐留を続けることを次のように説明している。

「米軍が中国における内戦に巻き込まれることはないだろう。ただ、米陸軍省からの指令で、米国人の生命と財産を保護するために軍隊を使用する必要があり、私の部下の司令官にはそのように指令している。米軍が中国の内戦に参加し、中共軍に対して攻撃を加えているといった見方もあるようだが、これまで米軍がそのような侵略的行為に出たことがないことを断言する。私はこれまで個人的にも国共が妥協するよう極力努めてきたし、部下にも中国の政争や陰謀画策に巻き込まれないよう命令してきた」

アメリカ（トルーマン政権）の対中政策は、国民党主導下で統一政府を樹立することだった。当時の在支米軍兵力は十一万を超え、国民党軍を支援することで共産党軍を圧倒し、両党を統一交渉のテーブルにつかせようとした。派遣されたジョージ・マーシャルは、両党の軍隊を、国民軍として統一すべく調停を行った。さらに、共産党を政府に参加させることで、敵対性を排除しようと試みた。

一九四六（昭和二十一）年一月十日には国共停戦協定が調印され、陸海空三軍の最高司令官は、国民政府の蔣介石であることが再確認された。しかしその後も国共両軍の衝突は続いた。

同年六月二十八日、ディーン・アチソン国務次官は、記者会見で「アメリカ政府は、共産党を含むすべての重要な政党が、十分かつ公平な代表からなる統一政府を実現しない限り、対支援助は行えない」と表明している。一方の共産党は、六月二十二日に、アメリカの蔣介石に対する軍事援助は内政への武力干渉であり、シナを内戦、分裂、混乱、恐怖、貧困に陥れていると指摘、アメリカ軍の即時撤退を要求している。

六月二十六日、蔣介石は、国民党正規軍百六十万に全面侵攻の指令を出し、一方の毛沢東は「人民戦争」「持久戦争」の戦略で対抗した。

国民党軍は総力四百三十万（内正規軍二百万）で、アメリカの支援を受けていた。共産党軍は満洲に侵攻したソ連軍の支援を受け（八路軍）、さらに日本の開発した大規模な鉱山などを押さえた。

この八路軍の支配地域では、数千人の残留日本人居留民が処刑された上、徴兵・徴用をして戦力化した。日本女性は拉致され、看護婦などとして従軍させられた。また、八路軍は捕虜となった日本軍の軍人を教官として「東北民主連軍航空学校」を設立、そこで養成された搭乗員は共産軍の勝利に大きく貢献した。

十二月十八日、トルーマン大統領は「対支政策」を発表、アメリカは、シナに平和と経済復興をもたらすのが目的だと述べ、マーシャル将軍の召喚と内戦からの撤退を表明した。この機に乗じ、蔣介石は満洲で大攻勢をかけ、一九四七年の半ばまで共産軍は敗退を続け、蔣介石はシナの大部分を手中にした。

蔣介石は「全面侵攻」から「重点攻撃」へと戦闘方針を変え、共産党軍の拠点を叩いた。毛沢東は拠点地域から撤退し、山岳地帯へと国民党軍を誘導した。

農村部では、国民党の勢力が後退する一方で、共産党が勢力を盛り返していった。一九四八（昭和二十三）年九月から翌年一月にかけての戦闘で、共産党軍は国民党軍に圧勝した。戦力を著しく欠いて、ついに国民党軍は「重点攻撃」を仕掛けることもできなくなり、支配地域を一気に失っていった。

さらに一九四九（昭和二十四）年四月二十三日、人民解放軍は首都南京を占領、その後、漢口、西安、上海、青島と次々に占領していった。

そして同年十月一日、北京でついに中華人民共和国の建国が宣言された。国民党は華南三省と西南部三省は支配していたが、共産党は国民党勢力の大陸からの一掃を目的に、国民党の拠点を次々と占領していった。

弱体化した国民党は、シナ大陸での共産軍への反攻が事実上不可能となり、一月から首都を南京から、広州、重慶、成都へと移し、ついには台湾へと追いやられる。

共産党王朝の本質は侵略国家

本稿はシナについてのものだが、日本と対比しながら読んでほしい。日本人がいかに恵まれているか、いかに幸運な国に生まれたか。それを実感してほしいからだ。

シナの歴史は、東アジア、黄河流域の「中原」からはじまり、その大地を舞台に展開されてきたのは、様々な民族の覇権戦争であった。

繰り返すが、歴史上、「中国」という国はかつて一度も実在したことはない。そこにあったのは、侵略に次ぐ侵略、征服に次ぐ征服だった。そして様々な異民族の興亡であった。

二十一世紀に至り、その地に巨大な「王朝」が出現した。共産党「王朝」である。中華人民共和国は、「国」と僭称《せんしょう》しているが、はたして国といえるのだろうか。

これも繰り返すが、人民解放軍は「国軍」ではない。共産党の軍隊である。日本にたとえれば、自民党が軍隊を持っているようなものである。

日本の自衛隊は警察に近い存在として位置づけられ、憲法上の軍隊ではない。その自衛隊でも自由民主党の戦闘部隊でないことは確かである。ところが、人民解放軍は党の軍隊なのだ。

その共産党は、コミンテルンによって一九二一（大正十）年七月に設立されたが、創設時の党員はわずか五十七名だったという。

一九二七（昭和二）年には、周恩来らが江西省南昌で、毛沢東らは湖南省で農民軍を組織して蜂起した。このときの彼らは、反革命的な軍人や官吏、「土豪劣紳《どごうれつしん》」（地方地主）を皆殺しにすると決議していた。まさに暴力革命そのものである。

そして略奪、殺人、放火を繰り返し、死体と廃墟のみが残った。おぞましい野蛮な出自といえよう。

紅軍は匪賊を自軍に取り込み、革命拠点をつくっていった。十万人を超える地方の有力者や富裕者が殺された。革命運動は略奪と殺戮による血なまぐさいものであった。

毛沢東は、「AB団」(アンチボルシェビキの略)という勢力をでっちあげ、謀略を繰り返した。架空の「AB団」を摘発し、自分の部下に冤罪を着せて拷問、無理やり仲間の名を自白させて芋づる式に数百名を摘発し、一度に数十名を処刑、粛清した。

毛沢東はこうした残虐行為を繰り返し、江西地区でおよそ一万人を処刑することで、自らが紅軍最大の勢力となった。中国共産党は、その後も「AB団」狩りの粛清を続け、七万人が殺された。

蔣介石の国民政府が日本と戦闘している間も、紅軍は略奪、殺戮を続け拡大していった。そして日本が終戦を迎えると、紅軍は国民党軍への攻撃を開始する。国民党との内戦では一千万人が犠牲になったという。

一九四九(昭和二十四)年に共産党が中華人民共和国を建国すると、中共の暴力は周辺諸国へと向けられる。一九五〇(昭和二十五)年六月二十五日、北朝鮮軍は三十八度線を突破して韓国に侵攻、首都ソウルが陥落した。

同年六月二十七日、国連は北朝鮮への武力制裁を決議。七月七日には、アメリカ、イギリス、オーストラリア、ニュージーランドなどによる国連軍を組織して朝鮮半島へ派遣した。その国連軍も苦戦し、釜山周辺まで追い詰められた。

だが九月十五日、アメリカ軍七万が仁川上陸作戦を決行し、形成は逆転した。国連軍は九月二十八日にソウルを奪還、十月には韓国軍が三十八度線を突破した。

そこで北朝鮮は、ソ連と中国に支援を要請した。しかしソ連はアメリカと戦争状態になることを恐れ、軍を派遣することはなかった。それに対し、毛沢東は人民解放軍を「義勇兵」として派遣、約百万の大軍が国境に集結し、十月十九日より鴨緑江を渡河し始めた。

マッカーサーはその頃、北朝鮮軍の掃討作戦のために十二万五千のアメリカ軍を投入した。ところが、そこには十八万の中共軍が展開していた。

中共軍は戦車もなく、武器は小銃と手榴弾と貧弱な装備だった。だがゲリラ戦法で米軍を翻弄、アメリカ軍が撤退すると、毛沢東は追撃戦を命じて、北朝鮮軍とあわせて七十万の大戦力を投入した。マッカーサーは、原爆の使用まで計画したが承認されずに解任された。

チベット大虐殺とダライ・ラマ法王の亡命

中華人民共和国が建国されると、翌年には人民解放軍はチベット東部のカム地方に侵攻した。

一九五一（昭和二十六）年、ダライ・ラマ十四世は人民解放軍の撤退を求めて使者を北京に派遣したが、逆に使者は恫喝されて「平和解放に関する協定」に調印させられてしまった。この協定はチベットを中共の一地方にするというものだった。

条文には、民族自決、ダライ・ラマ法王の地位と職権の保証、信仰と風俗習慣、文化の尊重及び寺院の保護、中央政府の不干渉、軍による蛮行の取り締まりなどが定められていた。しかし実際には、漢民族の流入によりチベット人は食糧不足となり、さらに漢民族が土着信仰を否定し、横暴な行為に及ぶなどして、チベット各地でチベット民族の反乱が起こった。

それを待っていたかのように、中共政府はチベット政府の殲滅《せんめつ》に取り掛かる。一九五九（昭和三十四）年二月、中共政府よりダライ・ラマ十四世に人民解放軍の主催する舞踊観賞の招待状が届いた。

チベットの人々は、これを「法王の拉致計画」と受け止め、民衆三万人が法王を守ろうと夏の法王の離宮「ノルブリンカ宮殿」を取り囲み、それがやがて反中国デモへと移行した。三月十九日、人民解放軍は宮殿への一斉砲撃を開始、数万人のチベット民衆が虐殺された。ダライ・ラマ十四世はラサを脱出、四月にインドに亡命した。

ペマ・ギャルポ氏は日本外国特派員協会によく来られるが、最近の若い人の中にはペマ氏を知らない人もいるだろう。現在はブータン王国政府の首相顧問として、先般国王夫妻が来日したときはずっと同行され、天皇皇后両陛下とブータン国王夫妻との通訳を務める姿をテレビでも見かけた。

チベットのカム地方ニャロン生まれで、一九五九年にダライ・ラマ十四世に従いインドに亡命した。ダライ・ラマ法王の側近であり、弟子でもあった。

一九八〇（昭和五十五）年にはダライ・ラマ法王アジア・太平洋地区担当初代代表に就任、二〇〇七（平成十九）年にはモンゴル国大統領顧問にも就任され、翌年にブータン王国政府の首相顧問にも就任した。

ペマ氏には、『中国が隠し続けるチベットの真実〜仏教文化とチベット民族が消滅する日〜』（扶桑社新書）をはじめ、中共の恐るべき野望と残虐極まりない所業について書かれた本がある。日本人の皆さんには、ぜひペマ氏の訴えを知ってほしい。

もうすぐ十年近い年月が流れるが、ダライ・ラマ十四世が日本外国特派員協会で記者会見をされたことがあった。ペマ氏も櫻井よしこ氏と共に会見場に来られた。

会見では、ダライ・ラマ法王が「ここに新華社通信の記者がいるので、彼の話を聞こう」と若い新華社の男性記者を指名した。

その記者は、「いま、我国ではチベットブームが起こっています。チベットの人々が全国各地にちらばって、チベット・フェアを開催して人気を博しています」と語った。すると法王は、「ハッ、ハッ、ハッ」と大声で爆笑し、「だが、彼らに自由はない」と一喝した。

中共がチベットで実行したのは、民族浄化《エスニック・クレンジング》だった。

チベット人をシナ全土にちらばらせる一方で、大量の漢民族をチベット自治区に流入させ、文化や伝統を破壊した。公用語はシナ語《チャイニーズ》にされたため、いまや若いチベット人は、チベット語を読み、書き、話すことができない。チベット語で書かれたものを理解することができないのだ。中共はチベットの寺院や文化、伝統も破壊しまくったが、その一方で、チベットの動物であるパンダは、「中国の動物」として世界に宣伝している。すべてが侵略と略奪、そして支配なのだ。

新疆ウイグル自治区では予告なしに四十六回の地上核実験

ダライ・ラマ十四世と共に中共から「テロリスト」と呼ばれているのが、「ウイグルの母」として知られるラビア・カーディル女史だ。女史は世界ウイグル会議の議長として、中共による東トルキスタンの侵略、大虐殺を世界に訴えている。

中央アジアは、ウイグル人やカザフ人などの故郷だ。イスラム教を信仰し、アラビア文字を使う彼らは、一九三三（昭和八）年「東トルキスタン共和国」を建国した。

しかし一九四九（昭和二十四）年八月、東トルキスタンの首脳たちが、飛行機事故で一挙に死亡するという怪事件が起きた。そしてその二カ月後、人民解放軍が侵攻してきて占領、翌年に「新疆《しんきょう》ウイグル自治区」が設置された。裕福なウイグル人は「資本家」とレッテル張りをされ、略奪を受け、殺された。

二〇〇九（平成二十一）年七月五日には、漢民族がウイグル人を暴行、虐殺した。これに対しウイグルの学生たちは、新疆自治区政府に正当な処置を求める平和的なデモを行った。中共政府の五星紅旗も掲げ、武器も持っていなかった。そのデモ隊の周囲を散弾銃で武装した警官隊が取り囲み、解散を求めた。

しかし学生たちが応じなかったため、警官隊は牛の処分に使う棍棒で学生に襲いかかった。これにデモ隊は反発した。すると、武装警察隊は、散弾銃で一斉射撃を始めた。中共政府の発表は、死者百六十七人だが、実際は三千人以上のウイグル人が殺されたという。同年七月六日にはカシュガル地区でもデモがあり、二百人以上が逮捕され、一万人以上が身柄を拘束されて行方不明となっている。

その時にはラビア・カーディル世界ウイグル会議総裁が、日本外国特派員協会で抗議の記者会見を行っている。その記者会見では、中共政府によるウイグルでの核実験についても質問があった。

中共は一九六四（昭和三十九）年からウイグルの砂漠地帯を核実験場として使い始めた。通常、核実験は地下で行われるが、あろうことか中共は、地上で核実験を行った。それもウイグルの人々に何の通告もなしに、四十六回の核実験を行っている。多くのウイグルの人々が、白血病などの健康被害を受けているのだ。民族ごと根絶やしにしたいというのが中共の本音としか思えない。

陸の周辺地域から海洋へと侵略は続く

チベット、ウイグル、そして南モンゴルと、中共は陸続きの周辺国を侵略し、名ばかりの「自治区」として自らの版図にしてきた。そして、いまやその侵略は海洋へと広がっている。

一九七四（昭和四十九）年一月十一日、中共は、南シナ海の西沙諸島（パラセル諸島）全体の領有権を主張した。中共軍と南ベトナム軍はそれぞれ戦闘機や艦艇を派遣、一九七五（昭和五十）年一月十九日、南ベトナム軍が島に上陸すると戦闘状態となったが、海軍力で劣るベトナム軍は撤退を余儀なくされ、西沙諸島は中共の実行支配下に置かれた。

西沙諸島を実行支配した中共は、一九八八（昭和六十三）年に諸島内に飛行場を建設し、さらに南沙諸島（スプラトリー諸島）へと触手を伸ばした。

ベトナムが実行支配する南沙諸島のジョンソン南礁で中共軍とベトナム軍が衝突。ベトナム軍は七十名の戦死者を出して敗退、ジョンソン南礁など五つの岩礁が中共に占領された。そこには人工建造物が建てられ、軍事基地と化し、中共はそこを排他的経済水域の基点と主張している。

ジョンソン南礁は干潮時には水没していた。つまり国際法上の島とは成り得ず、排他的経済水域の基点とは成り得ないのだ。ところが中共は、ジョンソン南礁をコンクリートの建造物で覆い、見えないようにして調査も許可しない。実に堂々たるペテン師ぶりだ。

一九九二（平成四）年二月二十五日、中共は「中華人民共和国領海法及び接続水域法」を制定。西沙諸島、南沙諸島、東沙諸島（プラタス諸島）、中沙諸島（スカボロー諸島）を含む、南シナ海の島嶼《とうしょ》のほとんどすべてについて、中共の主権下にあると宣言した。

一九九五（平成七）年には、フィリピンが領有を主張するミスチーフ礁も占領。人工建造物を建設し、一九九七（平成九）年には「海軍発展戦略」を打ち出し、第一列島線を打ち出した。

第一列島線は、九州から沖縄、台湾、フィリピン、インドネシアを結ぶラインで、中共はその線の中共側での実効支配と資源開発を推進し始めた。

さらに伊豆諸島から小笠原諸島、サイパン、グアムを結ぶラインを第二列島線と位置づけ、制海権を確保しようと努めている。「太平洋をアメリカと二分し、ハワイから西の太平洋は中共の軍事的な制圧下に置く」ことを目標にしているのだ。

シナでは、「国」とか「国境」とかいう概念は、力によって膨張も縮小もするのだというが、西太平洋まで中共の軍事的制圧下に置こうとは恐るべき野心である。

第一列島線の内側にある台湾を、中共は「自国の領土」であるかのように主張する。しかし前述したように、台湾は断じて中共の一部ではない。

一九五四（昭和二十九）年、一九五八（昭和三十三）年と、中共は台湾を砲撃し、侵攻を試みたが失敗している。

一九七二（昭和四十七）年、日本の田中角栄首相と、中共の周恩来首相が「日中友好条約」に調印すると、あろうことか日本政府は、台湾（中華民国）との国交を断絶する。中共が「ひとつの中国」を主張したからだった。

一九九〇（平成二）年、台湾に民主化の波が訪れ、日本統治時代に台湾で生まれた李登輝が総統となると、中共は国際社会に対して「ひとつの中国」を声高に主張し、民主化された台湾の国際社会からの排除を強く推進した。

一九九五（平成七）年夏、選挙への恫喝として、中共は、台湾北部の基隆沖海域にミサイルを撃ち込んだ。これにより、台湾海峡の緊張は一気に高まった。

中共は、「台湾問題にアメリカ軍が介入すれば、アメリカ本土に核攻撃をする」と宣言したが、アメリカは臆することなく、台湾海峡にアメリカ空母インディペンデンスを派遣した。さらに、ペルシャ湾に展開していた原子力空母ニミッツと護衛艦隊を、台湾海峡の警備にあてた。これにより、中共は台湾近海での軍事演習の延長を見送り、アメリカも台湾海峡から部隊を撤退させた。

二〇〇五（平成十七）年になると、中共は「国家分裂法」を採択した。これは、台湾が「独立」を宣言すれば、「非平和的手段」もとるというものだった。この「国家分裂法」は、他にも中共が侵略した新疆ウイグル自治区、チベットやモンゴル自治区にも適用された。

沖縄に対しても、中共は、その帰属を主張し出している。

二〇〇五年三月に、竹島は韓国の島だとして、韓国各地で過激な反日運動が展開された。すると中国各地でも反日デモが発生した。

小泉純一郎首相の靖國参拝や歴史教科書問題が原因だった。四月十八日に北京で発生したデモでは、「沖縄を中国に返還せよ」とのプラカードやビラがあった。

こうした報道や論文は、それ以降ずっと中共のメディアを賑わせている。

二〇一三（平成二十五）年五月には、共産党機関紙の『人民日報』が、「独立国家だった琉球を日本が武力で併合した」との論説を発表している。こうした背景もあり、ネット上では中国人の若者が「沖縄独立」「沖縄の中国帰属」を訴えるケースも多い。

いわゆる『帝国主義の時代』は前世紀半ばで終焉したと考えられている。しかし、中国共産党政府は、「中共帝国」を、実現しようとしている。

この中国の膨張に歯止めをかけるために、ベトナムやフィリピン政府は、日本が東アジア地域での安全保障に主導的役割を発揮することを期待している。

中共の覇権主義に憤《いきどお》っているのは周辺諸国だけではない。いまや世界第二位の経済大国となった中共がその経済力も武器にして、他国への侵略を実行している。中共のマネーに依存すれば、シナ人や中共の国策会社が流入してきて、地域は次第に中共に乗っ取られるという事態が世界各地で起こっている。

中共が世界の覇権を握るならば、世界は対立と憎悪の渦巻く時代を迎えることになる。チベットやウイグル、南モンゴルの状況が世界のあらゆる地域で起こってくるのだ。そんな中国の覇権を、日本が黙って認めるわけにはいかないだろう。

世界中の人々は、中共にではなく、日本がかつてのように道義に満ちた独立主権国家として立ち上がってくれることに期待をしている。

イギリスが最新鋭空母を南シナ海に派遣する意味

しかし、考えてみると中共がそうした行動に出るのもわからないではない。常に中原で多くの民族が覇を競い、興亡を繰り返してきた歴史を持つ彼らは、勢力の拡大に伴い、常に版図を広げようとするＤＮＡを受け継いでいる。

そしていま中共は、グローバル経済の中でアメリカに次ぐ経済力を有するまでになった。当然、その経済力にふさわしい影響力を持ったと思っている。だから、アメリカに対して、「太平洋を半分ずつ支配しよう」などと平気で持ちかけるし、かつて欧米列強によって奪われた地位を取り戻そうとしている。

それを主導しているのが「周近平王朝」だ。この王朝もまた、かつての王朝同様、支配を続けるためには経済力、軍事力を発揮することに躊躇することはないだろう。

さらに言うならば、かつては中原とその周辺地域だけが彼らの勢力争いの場だったが、いまやそれが世界スケールになっているということが大きな問題なのだ。

世界はいま、第二次世界大戦後の秩序が崩壊し、新たな秩序を築かなければならない段階を迎えている。

この混沌とした情勢の中で、日本は、中共の動きを注視しつつ、国際社会の中で、どのような歴史的使命を果たすべきなのか。そのことを真剣に考えるべきときを迎えていると確信する。

第十章

日本は中共のアジア支配を阻止せよ

中共はシナの歴史の「宿命」を超えられるか

私は、歴史の力を無視することはできないと思う。「習近平皇帝」の中共は、かつて何度も滅びたシナの帝国さながらの道を、いま歩みつつある。

毛沢東や周恩来は、貧しい農民たちを「共産主義革命」へと駆り立てた。貧しい者を搾取していると、共産主義者たちは多くの自国民を殺し、そして彼らの理想とする共産党政府を樹立した。しかし、貧しい人々のための「革命」の結果、誕生したのは新たな「共産帝国」で、その幹部たちは貴族のような贅沢三昧の生活を享受している。

これは、シナの「帝国」が、かつて何度も歩んだ道だ。「皇帝」とその親族や信奉者たちのみが栄華を極めた結果、「反乱」によって「皇帝」が打倒される。

歴史の力は、これから習近平「皇帝」の共産党政府へも、きっとその力を発揮してゆくことだろう。それは、どのような展開となるのか。

自由の抑圧、弾圧への「反動」は、「共産シナの打倒」へと向かう。宗教秘密結社が、その体制づくりを担うかもしれない。それが怖くて、中共は「法輪功」を弾圧し続けるのだ。

ただ、法輪功には「暴力革命」の思想はない。もし大規模な反乱が起こるとしたら、それは「自由民主主義運動」というスタイルをとるのではないか。

文化大革命で、毛沢東は六千万人の自国民を「大虐殺」したが、もしかすると、それ以上の大規模な犠牲を伴うことになるかもしれない。民族浄化や虐殺が続くなら、大流血の惨事が起こっても不思議ではない。

ただ、アメリカ、ロシアに次いで世界第三位の軍事力を誇る中共を打倒できるだけの軍事力をどのように調達できるかという問題はある。人民解放軍相手に、暴徒が「反乱」を起こしてもあっという間に鎮圧されるのは火を見るより明らかだ。アメリカ、ロシアに次いで世界第三位の軍事力を持つ政府を、「反乱」で倒すことなどできないと、そんな声が聞こえてきそうだ。それでも中共崩壊のシナリオはあり得る。

これまでのシナの歴史の例に倣って少数民族を弾圧し、虐殺する共産党政府に対して、各地で反乱が起これば、それを鎮圧するために人民解放軍が行動に出る。その場合、ネットで情報が拡散できる今ならば、「天安門」の時と同様に、自由と民主化を求める人民を武力で弾圧する共産党政府の暴挙をネット配信し、国際世論を味方につけることもできるだろう。

国際世論は、北朝鮮に対して経済制裁を行ったように、中共政府に対しても経済制裁を発動することが可能だ。もちろん連合国（国連）の常任理事国である中共は、国連決議に対して拒否権を発動できる。しかし、「人道」を掲げて自由主義陣営が一体になって闘えば、中共も厳しい状況に追い込まれるだろう。これから我々が目にするのは、そうした世界の動きかもしれない。

そもそも、軍事力増強などの背景となる中共の経済力は、バブルで成り立っている。日本のバブル崩壊と同様に、中共のバブル経済も弾けることが十分予想される。現時点でも、中共の経済バブルはいつ弾けても不思議ではない状態だが、世界規模の経済不況を引き起こすことがないようにと、あろうことか日本銀行などが全力で中共のバブル崩壊が起きないようにと下支えをしているのだ。

しかし、中共の民主化や言論・報道の自由への弾圧に対する国際世論の批判が高まれば、世界の経済崩壊を避けるという理由のみで中共のバブルを支え続けることはできなくなるだろう。中共の「人道」に反する体制に対し、世界が経済制裁を実行するということもあり得るのだ。共産党の一党独裁に、自由主義陣営が一体となって対峙することが重要だ。

日本はかつて大義ある国だった

神話の時代から、天孫が天降り、その末裔が「天皇」として君臨し続けて来た国はそれなりの発言力を持っている。それは、国内で内戦があっても、天孫の末裔である「天皇」を戴いて、国がひとつにまとまって「大和」を実現してきた実績があるからだ。

日本とは異なり、「中国」は決してひとつの王朝が四千年も続いてきたのではない。四千年続いたのはシナの大地だ。様々な民族がアジアの「中原」の争奪戦争を繰り広げてきた。その血みどろの歴史が、「中華世界」の姿なのだ。それは、「大和」民族の日本の歴史とはまったく違う。

いま世界のナンバーワンの大国は「ファースト」を保とうとするアメリカだ。しかし、いかんせん、この若い国はまだまだ歴史を知らない。しかも、その歴史は原住民の大虐殺の上に成り立ち、その発展は移民によって支えられてきた。急成長をした背景には無理を通した過去がある。そのツケはやはりどこかで支払うことになるのだろう。

ヨーロッパ諸国も、この五百年にわたり、白人世界をつくろうとしてきたが、結果的には有色人種の国々が独立し、人口比では白人はマイノリティーであり、白人が有色人種を搾取して栄華を極めることができた「古き良き時代」は、とっくに終焉を迎えてしまった。

歴史家のピーター・デュースは、「日本人は西洋の脅威から自分を守るために近代国家の道を歩んだ。白人の奴隷になり、植民地支配を受けることへの恐怖だった。この脅威から多くの日本国民は、『白人の優越』を覆さねばならないと心底から思った。そのスケールは、『平民』を解放したフランス革命や、『労働者』を解放したロシア革命よりもはるかに壮大なものだった。それは、有色の民の解放という、『人類史の大革命』だったと呼んでも過言ではない」と指摘している。日本はかつて、大きな大義を持って戦った立派な国だったのである。

危機的状況にある朝鮮半島情勢

ところで、いま、朝鮮半島は非常に危機的な状況にある。そもそもの原因は、北朝鮮の金正恩が推し進めている核・ミサイル開発にある。最悪の状況になれば、停戦状態が崩れ、朝鮮半島が戦火に包まれかねない状況だ。もしそんなことになれば、日本も大きな影響を受けることになるだろう。

アメリカが北朝鮮に対して「斬首作戦」を立てていることはよく知られている通りだ。その状況は、いまも大局において変わっていない。アメリカが自国防衛を理由として、作戦を実行に移す可能性は、北朝鮮の金正恩とアメリカのトランプ大統領の首脳会談を経た今も、基本的な構図は変わっていない。仮にアメリカが「斬首作戦」を実行して金正恩の排除に成功したとしても、朝鮮半島情勢がよくなるとは思えない。ロシア、中国との新たな問題が出てくることは目に見えている。朝鮮半島の混乱を歴史的にたどると、それが列強の覇権争いの結果であることが明白だからだ。

そもそも十五世紀以降の世界では白人列強による植民地の争奪戦が続いていた。それはロシアと英米仏蘭といった欧米列強による争奪戦だった。さらに大東亜戦争以降は、国際共産主義の膨張と西側の資本主義経済を軸とする自由主義圏の対立が勃発した。これまた新たな世界の覇権争いという局面であった。シナはどこに位置づけられるのかというと、なかなか難しいが、便宜的にコミンテルンに含んでおこう。毛沢東もソ連の国際共産主義の影響下にあったからだ。

そして現在の北朝鮮の危機的状況は、そうした共産主義と自由主義の対立から生じる勢力争いの結果であり、世界の覇権闘争の最終局面にあると言っていいのである。

その中で日本の立ち位置はどうなのか。ひと言でいえば、歴史的に、日本はそうした列強やコミンテルンに対峙してきた。コミンテルンの脅威と列強の植民地支配の脅威の両方から自国民をなんとか守ろうとしてきたのだ。アジアの国で、そのような立ち位置を維持してきたのは、唯一日本だけだった。かつての日本には、それだけの独立の気概があった。

いまこそ現実的な国防論議をすべき時だ

かつての日本は、まさに「道義国家」だった。マッカーサーの占領政策で、洗脳された日本人は、戦後は「平和主義」とやらで委縮している。

私は「平和」こそが、日本の崇高な国是であり、理念だと思っている。日本は「大和」の国である。しかし、いまの日本の「平和主義」は極端に委縮した理念となっている。

自衛隊までが、「相手が撃ってくるまで、自ら撃ってはいけない」と、そんなルールを至上のものとしているかのようだ。

自衛隊の至上の使命は、「国民の生命・財産を守ること」だ。

北朝鮮が何度かミサイルを撃った。幸い日本国内に着弾することなく、日本上空を何度か通過して、現在に至っている。日本人の大方は「ああ良かった」という程度の反応のようだが、よくよく考えると恐ろしい現実がある。

日本本土に着弾するようなミサイルは、最終的にはＰＡＣ３が迎撃するそうだが、迎撃できる範囲は三十キロから四十キロ圏内だ。その範囲の外は、対象外となる。そして迎撃も、二〜三発撃たれた程度なら可能だが、それ以上のミサイルが同時に発射されればすべては迎撃できない。

迎撃できない場合どうなるかといえば、本土に着弾する。日本の本土の七割は山岳地帯だから、人的被害はそれほど多くないとでもいうのであろうか。しかし、ミサイルを発射するのであれば、標的は都市部や軍事施設、通信施設などだろう。人口密集地帯に着弾する可能性が極めて高い。もし着弾して、それが核ミサイルであれば、広島とか長崎に投下された原爆か、それ以上の被害が出る。

数十万の国民を犠牲にすることを前提とした防衛などあり得ないではないか。そう考えれば、敵地攻撃だって場合によっては必要だろう。

では、その判断はどうするのか。現実問題として、国会で決議をして承認を得るというような時間的余裕は現実的にはまったくない。

「憲法九条」の平和主義にとらわれすぎて、思考停止になってはならない。国民の生命と財産を守るのが第一の目的である。国防戦略が現実に対応する能力を欠いているとしたら、それは本末転倒だ。

いかにして国民の生命と財産を守るか、守れるか、真剣で現実的な議論がなされなければならない。そうでなければ、「平和を保つ」という議論は空理空論、絵に描いた餅で、端から破綻している。

こうした議論は、千年に一度起こるような大地震や大津波よりも現実的に想定し易い問題であり、対応策である。なぜ、そうした議論が国会でされないのか。それこそ、言論の自由が許されないタブーの世界となっているではないか。

よく「日本は軍隊を持つと、侵略戦争をする」という言い方があるが、これは日本が防衛力を強化すると困る勢力によるマインドコントロールにすぎない。しかし多くの国民が侵されているのではないか。あるいは、「日本が軍備を持たなければ戦争は起こらない」と洗脳されているのではないか。

日本がどんなに「憲法九条」を一方的に護持しても、朝鮮戦争が再発する場合もあるし、日本の領海、領土を他国が侵略してくることもある。他国が軍事侵攻をしてきた時に、「警察」が軍と戦闘をするのであろうか。

現行憲法では、自衛隊は軍隊であると法律的に規定されていない。日本に軍隊は、法律的に存在を許されていない。

私は、国家には、それを防衛する軍隊が必要だと思っている。当然、日本が独立主権国家なら、きちんとした軍隊を持つべきなのだ。何にしろ、北朝鮮のような貧しい国ですら核ミサイルを持つという時代に日本だけ「専守防衛です」というのは、むしろ戦争を誘発するリスクが高い。

日本には、「北の脅威」が常に存在する

北朝鮮の核が国際的に大きな問題になっている。なぜか。

それは、北朝鮮が小型化した核弾頭を搭載した大陸間弾道ミサイルをアメリカ本土に打ち込むことができるようになりつつあるからだ。

かつてアメリカの情報機関は、二〇一八（平成三十）年六月頃には、北朝鮮がその技術を持つことになると推定していたが、二〇二〇（令和二）年現在、北朝鮮はすでにその能力を保有していると見られている。しかしアメリカは、北朝鮮がアメリカ本土に届く核ミサイルを持つことは絶対に許さないだろう。その前にアメリカは行動を起こす。アメリカとはそういう国なのだ。

しかし、アメリカを攻撃できる核ミサイルは、北朝鮮だけが持っているワケではない。ロシアも、中共も、既に核ミサイルの照準をアメリカに向けている。北朝鮮がアメリカや国際社会の圧力で核開発を断念したとしても、ロシアや中共の核ミサイルが同時に消え失せるというのではない。

また、北朝鮮や中国は日本に届くミサイルを多数保有している。たとえアメリカの圧力

で北朝鮮がアメリカに届く核ミサイルの開発を中断したとしても日本への脅威はまったく変わらずに存在し続けるのだ。

これは、いま現在のことだけではない。これから先、仮に中共が何らかの理由で滅亡しても、私は「日本への脅威」がなくなることはないと思う。

それは、歴史を鏡とするからだ。シナの歴史をこれまで書き綴ってきたのは、そこに理由があるからだ。たとえ中国共産党がなくなろうと、あのシナの「野望の大地」には、いずれまた強大な覇権主義の「帝国」が勃興してくることだろう。

日本の将来の世代は、そうした脅威を体験することになろう。これは、地政学的な「業《カルマ》」である。

では、日本はどうすればいいのか。それは自明のことだ。

「憲法改正」の実現を！

私が『英国人記者が見た　連合国戦勝史観の虚妄』を上梓したのは、二〇一三（平成二十五）年十二月十日だった。かれこれもう七年近い歳月が経つ。

私は同書に、「なによりも安倍晋三には、運がある。実に運のいい男だ」と書いた。

様々な政権の危機もあった。支持率が下がったこともある。それでも安倍晋三は日本の首相であり続け、憲政史上最長の在任期間の首相となった。運が良いと言って、これほどに運が良い首相はいない。

安倍晋三首相は、第二次内閣発足から連続在任期間二千七百九十九日、歴代最長だった佐藤栄作を抜き単独一位を達成したが、二〇二〇年八月二十八日、記者会見を開き、持病の潰瘍性大腸炎の悪化を理由に辞任を表明した。

その後、菅義偉前内閣官房長官が自民党総裁選に勝利し、日本国首相となった。菅義偉首相には、ぜひとも「憲法改正」の実現へと尽力して欲しい。

自主憲法の制定は自民党綱領にある。自民党結党以来の理念なのだ。ところが、これまで、まだ誰もその結党の理念を実現していない。

「憲法改正」は建前なのか。そうであってはならないだろう。

いま、全世界が激動している。願わくは、その先にあるのが「平和」へと向かう道であって欲しいが、突然に軍事的な衝突が再び始まることだってあり得るだろう。それは、現実的に日本の周辺地域で十分に「想定」される事態だ。

繰り返すが、ＰＡＣ３も、一度に二発か三発の核ミサイルなら撃ち落とせるが、それ以上のミサイルが同時に飛来した場合は撃ち漏らす。しかも、撃ち落とせる範囲はせいぜい四十キロ圏内だ。だからこそ、現実的な「有事」に対応できるよう、法整備も含め、喫緊の対応が必要なのだ。

安倍晋三首相は、二〇二〇年に「憲法改正」を実現したいと時間を区切った。しかし、新型コロナウイルスによるパンデミックや様々な内外の情勢の変化等々もこれあり、二〇二〇年の憲法改正は実現不可能が確定した。

私は、私が生きているうちに、安倍晋三が憲法改正を実現する姿を見てみたかった。その夢はかなわなかったが、オリンピックの実現にしても国民の安寧にしても「平和」が大前提となる。

その「平和」を憲法九条だけで担保できるとは、世界中の誰も思わないのではないか。「平和」は、それを護ることのできる実力がなければ脅かされる。

日本の「平和」をほんとうに希求し、「平和」を現実に国民に保証するには、やはり憲法九条を改正することが必要であろう。

そして、政治家・安倍晋三の「悲願」であった、北朝鮮に拉致されたすべての被害者の救出も、なんとしても実現して欲しい。

横田めぐみさんのお父君、横田滋さんが逝去された。横田滋さんが健在なうちに、めぐみさんをなんとしても帰国させてあげたかった。それは、ご夫妻やめぐみさんの弟たちだけの願いではなく、すべての日本国民の切なる願いでもあり、祈りでもあったろう。私はイギリス人だが、五十年以上も日本に住みついてしまった。拉致被害者の救出は、私の切なる願いでもある。

安倍晋三前首相を「継承」するとした菅義偉首相には、ぜひ、そうした国民の願いを実現できるように、最大限尽力して欲しい。

日本の気概が試される秋《とき》が来ている！

日本は世界最長の独立主権国家である。そう言うと、終戦後アメリカに占領されてからの日本は真の独立国とは言えないと反論する保守派の論客たちもいる。

確かに、アメリカ軍に護《まも》ってもらって自ら戦わないような国は独立主権国家とは言えない。私自身が、これまでそのように発言し、本にもしてきた。

それは、日本に真の意味での独立主権国家となって欲しいからの直言である。日本の歴史と伝統、文化、そして国民の生命・財産を守るのは、日本人が自らの力で護り抜くという気概である。それを、持ち続けて欲しいと思うからである。なぜイギリス人の私がそのように訴えるのか。その理由を、本書で述べたつもりである。

日本は、世界に比類なき歴史と文化と伝統を持っている。世界最古の現存する王朝を有する。縄文時代から二十一世紀まで、ひとつの民族がずっとひとつの列島で、侵略されることも征服されることもなく、数万年という歴史を途切れることなく繋いできた。その民族性や文化は、欧米の文化とも、シナの文化とも違う。

これからは、世界がもっともっと日本に注目して研究すべきだし、そこから学ぶべきものも多くあると、私は思うのだ。日本という国が、いま二十一世紀のこの世界に、存在することそれ自体が、正に奇蹟である。私は、この日本という国を永遠に護り続けたいと思っている。

しかし、日本が独立主権国家であり続けるためには、憲法を改正して国軍を持つ必要がある。アメリカと協力し合うのは大いに賛成だが、国防を依存してはならない。そして中共には、毅然とした態度で対峙しなければならない。いま日本という国は、正念場に立たされている。いつの時代にも増して、日本の気概が試される秋《とき》が到来している。

覇権を競う米中の狭間で日本の果たすべき使命

これから、アメリカと中共は熾烈な争いを始める。これは既に予告された覇権戦争であって、もはや不可避だ。

トランプ大統領のアメリカが「アメリカ・ファースト」と、ややもすると内向きな姿勢を取った時に、中共は「国際社会の共通の利益のために」と、まるで世界のリーダーシップを取るかのような理念を掲げ、それを実行に移そうとした。

果たして、世界ナンバーワンの国はアメリカとなるのか、それとも中共となるのか。私は、そんな中、いまこそ日本の出番であると思っている。

アメリカと中共の間で、その双方に足らざるもののあることを、教えられるのは日本しかない。

日本は、「道義国家」である。「道義」とはどうあるべきなのか、それをアメリカに代わって中共に訴えていかなくてはならない。「道義」という言葉が難しければ、まあ「人道」でもいい。「人としての道」であろうか。

日本は北朝鮮にも、「道義国家」として立つことを教え、伝えていかなければならない。言論の自由、報道の自由を実践することを、北朝鮮や中共に教えてあげなければならない。

日本はアジアの自由主義大国として、その役割を担える立ち位置にある。

民族浄化や少数民族への弾圧はあってはならない。日本はそのことを、北朝鮮や中共に、訴える使命がある。特に北朝鮮に対しては、主権を侵害して拉致したすべての日本人を、即時帰国させるよう一層強く求めていくべきだ。

中共に対しては、侵略行為を止めるよう断固として訴えなくてはならない。侵略をしたチベットやウイグルや内モンゴルの人々への「民族浄化」や弾圧、虐殺を即座に止めるように強く訴えて行かなくてはならない。尖閣はじめ中共の海洋侵略を止めねばならない。

それがいま、「道義国家」日本の果たすべき使命である。

アジアの盟主は中共なのか⁉

アジアのどの国も中共の支配するアジアなど望んでいない。アジアのどの国も、手本となるのは日本であり、リーダーシップを取ってもらいたいと思っている。日本が素晴らしい「道義国家」であると信じているからだ。

日本はその期待に応える責務があろう。

東シナ海や南シナ海での中共の軍事的脅威を前に、多くのアジア諸国が安全保障の面でも日本に期待している。積極的な平和の実現に貢献して欲しいと願っている。

フィリピン政府も、共産主義国のベトナムも、軍事的覇権を加速する中共に歯止めをかけるために、同じアジアの非白人国家である日本に、大きな期待を寄せているのだ。アジア諸国は、独りよがりの韓国にはまったく期待していない。

欧米諸国や他の地域の非白人国家も、日本への期待は大きい。しかし、中共はあらゆる手段や策を弄して、アジアやその他の地域での影響力を強烈に高めようと奮闘している。

もし日本が、内向きな姿勢と態度を貫くなら、好むと好まざるとに関わらず、アジアの盟主は中共になってしまうだろう。それは、アジアにとってのみならず、世界にとっても不幸な結末であると言うしかない。

いま、日本が取れる戦略は、自由主義陣営にある同盟国のアメリカと、立憲君主国として歴史的な絆のあるイギリスと共に、自由と民主主義に相反する、共産主義の独裁をつらぬく中共と、そこに君臨する「国家主席」習近平と、徹底的に対峙することであろう。それが、アジアの未来にとっての「希望」となるのである。

翻訳・構成者あとがき

著者のヘンリー・ストークス氏は、外国人「東京特派員」の重鎮である。世界で最も権威のある経済紙『フィナンシャル・タイムズ』を日本に持ってきた。その後、世界一の日刊紙でもある英国の『タイムズ』の東京支局長、さらに『ニューヨーク・タイムズ』の東京支局長も歴任した。

弱冠二十五歳の時に『フィナンシャル・タイムズ』を日本で発行するために来日し、ホテル・オークラに陣取った。そこに黒い旧型のダイムラー（ベンツ）に乗って迎えにきたのが白洲次郎だった。「よく高級日本料亭に連れていってもらった」そうだ。

そんな若きヘンリー・ストークスの「家を探してくれたり、いろいろと世話をしてくれた」のは麻生和子だった。いわずと知れた吉田茂の娘である。いや、元首相で現副首相の麻生太郎の母と言ったほうがわかり易いか。

白洲次郎について、若きヘンリーは「傲慢で威張ってばかり。自己顕示欲が強く、自慢話を言いふらすから好きになれなかった」と一刀両断する。麻生和子については、「お節介なオバサンだと思って、閉口した」と、率直だ。そこが、ヘンリーのヘンリーらしいところだ。

そうした歴史上の人物との縁もさることながら、二十五歳で来日した時から、ヘンリーは日本の「歴史との関わり」を、運命づけられていたのだろう。

ヘンリーは、とても丁寧な日本語を話す。外国語だから、必要以上に「杓子定規」な言葉遣いとなるのだろうとも思う。ただ、それ以上に、彼が接した三島由紀夫をはじめとした文化人との交流が、彼が「いまの日本人が話さないような丁重な日本語」を話す背景にあるのだろう。

日本語は読めないが、それでも日本語の新聞記事の内容は、よく把握しているし、文化人が日本語で議論をしている中で黙していても、だいたいの内容は把握している。「日本語ができない」というのは、世界的なジャーナリストが母国語で書く一流記事の「ことばの力」ほどに、外国語である日本語を使いこなせないという意味だ。

ヘンリーは、まったく「反米」ではない。また、そもそも「反中」でもない。あえて言えば、真の意味で「リベラル」だ。安倍晋三を支持するリベラルであり、「国家には軍隊が必要だ」と堂々と主張できるリベラルだ。「権威」や「陣営」に与することがない。日本の似《え》非《せ》リベラル＝左翼には、決して真似できないリベラルなのだ。

もっと言えば、日本の「保守」や「右派」にも与していない。そんなヘンリーには、「反米」

とか「反中」というレッテル貼りはそぐわない。ヘンリーは、自らの「正義感」に従っているだけなのだ。

その正義感に照らすと、人権を弾圧し、言論や報道の自由を認めない中共は、自由主義陣営の敵というよりも、ヘンリーの考えるところの「正義」に反するのだ。

問題は、大英帝国にしても、新大陸に「自由」を掲げて建国したアメリカにしても「負の歴史」がある。だからこそヘンリーはアジアで自由主義陣営にある日本に期待しているのだ。

日本には際立った「負の歴史」がない。彼が重ね重ね主張してきたように、「南京大虐殺などなかった」し、慰安婦はもちろんいたが、「従軍慰安婦も、日本軍の性奴隷もいなかった」のだ。それよりも、「日本は白人列強の植民地支配から、アジアを解放した『偉大なる歴史』を誇るべきなのだ」と訴える。

さらに、日本はアジアの国家である。ベトナムやフィリピンなど、東南アジア諸国が防衛面でも日本に期待している。日本がアジアの平和と安定のために積極的に関与すると宣言し、その宣言を実行することで、世界の国々は日本がいかに大切な国であるか、その認識を新たにすることだろう。

強硬姿勢を貫く習近平国家主席は、昨今では台湾との「戦争」も示唆し始めた。台湾は日本の生命線でもある。日本は自由主義陣営にあるアジアの大国として、米英両国と共に中共と対峙すべきだ。ヘンリーの母国イギリスは、香港の「一国二制度」を中国に反古にされ、面子を潰された。その対応策の意味もあると思うが、ロイヤル・ネイビーの最新鋭空母「クイーン・エリザベス」打撃群を二〇二一年一月から南シナ海で行われる「航行の自由」作戦に派遣するという。

アジアの自由を守るために、日本は何を為すべきか。本書を読むことで、その方途がおのずと見えてくるのではなかろうか。

藤田裕行（翻訳・構成者）

ヘンリー・S・ストークス（Henry Scott Stokes）
1938年、英国生まれ。61年、オックスフォード大学修士課程修了後、62年に英紙「フィナンシャル・タイムズ」に入社して、64年に東京支局初代支局長着任。以後、英紙「ロンドン・タイムズ」、米紙「ニューヨーク・タイムズ」の東京支局長を歴任。三島由紀夫と最も親しかった外国人記者として知られる。『連合国戦勝史観の虚妄』（祥伝社新書）、『欧米の侵略を日本だけが撃破した』（悟空出版）ほか著書多数。2017年6月14日、「国基研 日本研究賞」特別賞を受賞した。

世界《せかい》は「中国《ちゅうごく》に対峙《たいじ》できる日本《にほん》」を望《のぞ》んでいる

2020年12月15日　初版発行
2021年1月18日　第2刷

著　者　ヘンリー・ストークス

発行者　鈴木　隆一

発行所　ワック株式会社
東京都千代田区五番町4-5　五番町コスモビル　〒102-0076
電話　03-5226-7622
http://web-wac.co.jp/

印刷製本　大日本印刷株式会社

ISBN978-4-89831-497-5